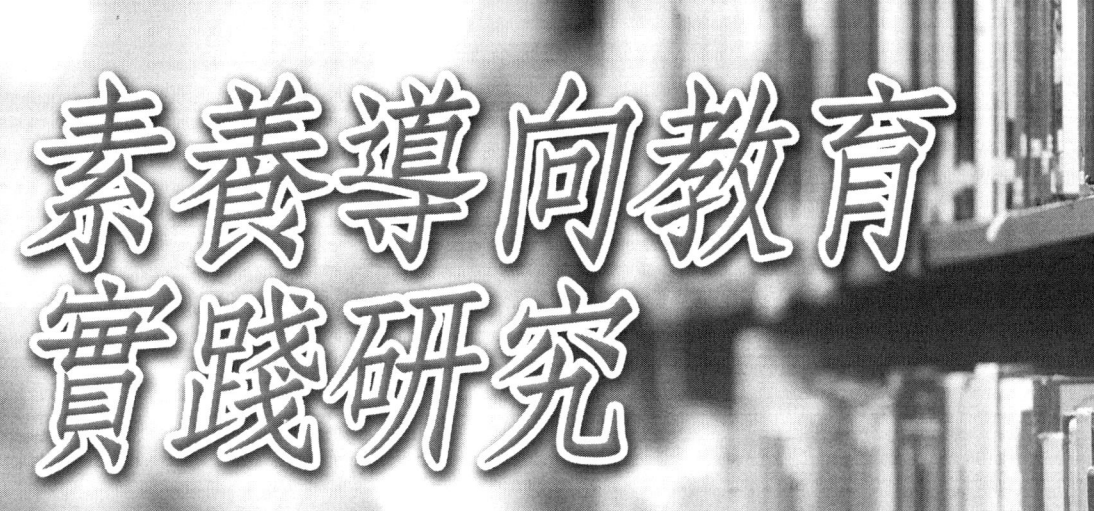

素養導向教育實踐研究

休閒系核心能力、教學實踐

Researching Educational Praxis on the Competencies-Oriented:
The Core Competencies of a Recreation Department, Teaching Practice

張瓊方 / 著

序

　　大學是學習的地方，透過環境的特色與學習歷程的安排，讓學子在「大學」能充實知識、體驗與豐富人生經驗，培養出社會上高等教育生應具備的能力。不同學系培育不同專業能力之學生，學校所在位置之環境讓各學校學系的教育可能結合在地人、事、物特色而擬出具優勢的教育目標與學生能心能力來強化學習；透過教學的安排培育學生與達到教學目標是教師任教之重要任務與工作意義。本書以大學教育為主，探究近年教育界頗為盛行的素養‧核心能力一詞之意義與內涵，並且呼應大學社會責任政策推動下地方大學教師也為盡社會責任努力於教學上採取策略性的連結。在撰寫的同時考量能有教科書功能的可能性將本書分為多章，提供有意升學和進入休閒系學習之學生能對臺灣的大學和休閒學系、課程系統更進一步認識。但全書仍分為五篇，第一篇概說分為兩章，第一章說明作者對教學現場之問題意識，並於第二章針對臺灣大學的類型進行探索式分析。第二篇學理與文獻探討共有四章，由素養定義、核心能力的能力項目、國內大學社會責任計畫與教師教學實踐研究計畫進行相關文獻探究，並透過文獻探討日本地方創生與高等教育，且搜查說明與本書內容有關之休閒學習相關研究。第三篇主題內容與方法技巧分成兩章說明本書作者研究之概念和方法。第四篇研發成果與學習成效，則是分析臺灣各大學部休閒系和其核心能力訂定的結果，能瞭解休閒系所學之領域範圍；尚以個案學校之休產系訂定核心能力的歷程為例，說明學校系統如何決定學生的核心能力，亦例舉休閒系單一課程的**教與學**。第五篇實務成果應用及擴散性，透過學生總結課程的學習結果，闡述學生核心能力的表現。

　　於研究歷程要感謝同為休產專業之前輩李宗鴻教授、高雄師範大學教育學院院長方德隆、丘愛鈴、屏東大學楊智穎教授以及高雄師範大學任教之周新富教師與魏慧美教授對原內容版本論文之審查、建言與指教，也感謝揚智文化事業有限公司對於研究型書籍之出版支持。全書偏重於個案討論方式撰述，掌握了作者對大學教育的現況與教師教學處境，以及年來任教於私立地方大學的觀察與認識，對於瞭解高等教育教學和經營教學皆能有值得參考之處，期待臺灣地方大學也能永續發展發揮教育性功能。

張瓊方　謹識

目　錄

序　i

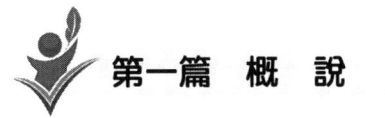
第一篇　概　說　1

第一章　教育理念與問題意識　3
一、教育‧教學理念　4
二、問題意識　7

第二章　大學與專業學群學門　9
一、大學分類與定位　10
二、大學學群　13
三、大學教師教學實踐學門　16

第二篇　學理與文獻探討　19

第三章　素養導向教育意涵　21

一、素養之定義　22

二、素養導向教育之能力項目研究　27

第四章　大學社會責任與教育生態圈教學實踐　39

一、大學社會責任　40

二、教育生態圈教學實踐研究　47

第五章　借鏡日本——地方創生與高等教育　55

一、日本地方創生於高等教育之作法　56

二、日本地方創生案例　62

第六章　休閒教育相關研究　67

一、休閒課程　68

二、實務學習　69

目　錄

第三篇　主題內容與方法技巧　75

第七章　主題內容─素養導向教育實踐研究　77

一、概念　78

二、研究分析架構　85

第八章　養導向教育實踐之研究方法技巧　87

一、核心能力　88

二、課程　92

三、教學實踐　94

四、核心能力培育成果　96

第四篇　研發成果與學習成效　99

第九章　臺灣高等教育休閒系　101

一、休閒教育　102

二、休閒領域人才培育開端　107

三、休閒專業學習領域　109

v

第十章　臺灣各大學休閒系核心能力　113

一、各大學休閒系所屬學院分析　114

二、各大學休閒系核心能力分析　120

三、個案學校休閒系核心能力　124

四、個案學校休閒系核心能力與他校比較　127

第十一章　探究休閒系課程—個案大學為例　131

一、必修課程　132

二、選修課程　139

三、課程分類　148

第十二章　科目課程教學實踐之素養培育歷程　153

一、創意原理課程教學　154

二、學生學習核心能力　159

三、教師教學反思檢討　163

第五篇　實務成果應用及擴散性　169

第十三章　學生專題之總整學習成果　171

一、地方農產創意產品與銷售消費相關探究　172

二、地方商店經營與創業者探究　175

三、運用所學研究分析家鄉　177

目　錄

第十四章　工作表現：休閒產業全職實習　**181**

一、全職實習制度　182

二、工作場域與工作內容　183

三、產業界評價與建議　191

第十五章　素養導向教育實踐研究　**201**

一、總結檢討　202

二、建議　211

參考文獻　**215**

第一篇 概　說

第一章
教育理念與問題意識

- 教育・教學理念
- 問題意識

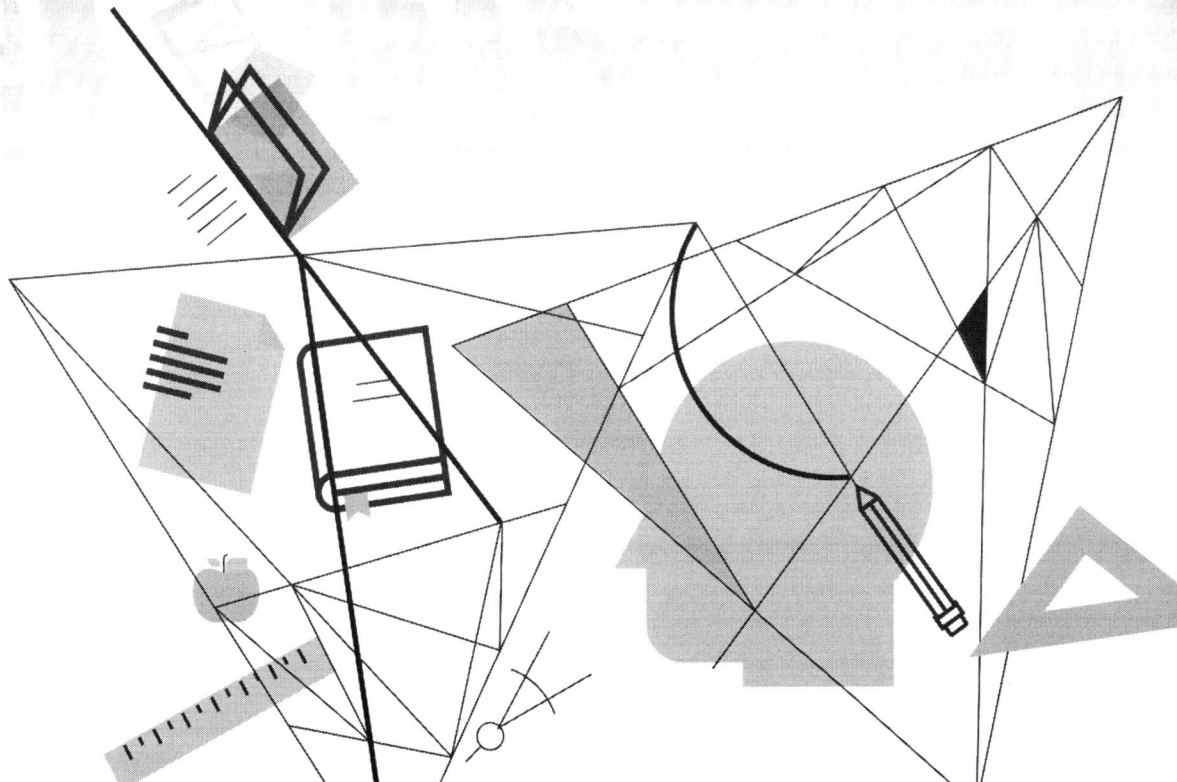

　　十二年國民基本教育於2014年開始實施，強調三面九項教素養導向教育；大學是高中教育的延伸，提供高中所建立之知識與能力基礎之更高層次之專業知識，朝向學子適性揚才、終身學習之教育願景。本章闡述素養導向之教育‧教學理念，說明全書擬探討之問題意識。

一、教育‧教學理念

　　綜觀近年臺灣教育部統計資料，高中應屆畢業生升大學比例已達95%以上，高職生升學比例也達80%以上（教育部統計處，2025）。為什麼要唸大學？或說高中職畢業後為何要直接升學，然選擇了喜歡的學系後學什麼？對未來生涯發展有何意義。相信高中畢業後進入大學求學之主要目的在於獲取專業知識與學術素養，開放眼界認識高中前生活之外的另一個地方，加強個人能力也拓展人際關係，並未未來職業再進一步規劃，終究追求是透過更進一步學習創造更好的生涯發展可能性。

　　吳清山（2017）認為，素養是奠定學生未來成功發展的基礎，一個人為勝任其工作或與外界互動須具備厚實核心素養。但111學年度大學分發入學錄取率百分之九十八點九四，僅十一校招滿（大學入學分發委員會，2022），換言之，可以說是近乎人人都能上大學的臺灣高教現況，讓高教入學成績呈現雙峰現象（張瑞雄，2006），這樣說來大學生的程度可能也是雙峰現象，而在此所指的「大學生程度」就是指大學生應有的能力，或許可以用近年在臺灣教育界所盛行的用詞「素養」取代之。

　　在臺灣，大學有國立、私立，類型上也有研究型、教學型等區分；教學型學校強調以「教」來教導學生能將所學運用於未來生活之中，學生學習的專業內容未來能應用在職場在職涯抱持能有所發展之可能性。有大學教師認為自己在小型教學型大學，學系因小型又位於偏鄉，在產

第一章　教育理念與問題意識

學合作與社會意義有不同的發展和貢獻（張慧如，2019）。也就是說，學校所處的位置所能提供的學習環境與資源便不相同，大學必須提供資源，教師必須以學校的資源與型態設計學習活動以引導學生學習，提升學生的能力素養。

臺灣的大學曾快速擴張，1994年自政府開始放寬大學數量管制起，由於教育部在辦理審查作業上針對校地、校舍建築面積等設有條件，故原位於都會小巧但交通便利的市區專科學校為拓展第二校區而至遠離都會之地方大興土木增加校地面積成為「大學」，原已穩定經營的私立大學也在進駐地方，例如實踐家專轉往高雄內門鄉設校區、銘傳商專亦於桃園龜山鄉設置校區。大學謂為知識殿堂，大學教職員生人口進駐地方，對地方組成人口的知識水平、文化素質提升、高等教育的學習風氣，都能為提升地方蘊含知識素養而產生良好的意象。

東吳大學前校長劉源俊將的教育改革後稱為「拉開狂飆教改序幕」（簡立欣，2019），「狂飆」並非正向的用語，代表著教育工作者對學習的環境與教與學的品質都處於惶恐不安的失速狀態；儘管在大學狂飆前期，為保障教育品質也實施高教評鑑制度，對學習的空間、教師的學歷、生師比都有一定的要求，各校也積極找尋適當且擁有高學歷資格的教師。另一方面，大學的增設因應社會的變遷與需求新的學系成立，而這些新學系領域往往是現任大學教師在求學期間尚未觸及的領域，舉例來說，在廣設大學與增設新學系的同時，部分學系因應歷史演變與社會所需，例如輔仁大學於1994年奉教育部核定成立民生學院，重視人類務實生活，而與休閒生活關聯密切之休閒學系在臺灣也在大學創系至今已有近三十年歷史。換言之，在新領域中如何建構新的學習課程與內容，什麼是學生該學的學習內容與應獲得的能力則需要大學學系教師計畫課程設計學習，想方設法地為提升學生素養而用心。

本書選取一大學學系——休閒系作為主要分析對象，主要原因是休

閒系的發展在臺灣也有其因應社會需求經濟發展人民所需人才培育的高等教育專業領域。回顧在迎接二十一世紀來臨之際，臺灣經濟上的發展與民眾對休閒生活的需求，故在臺灣之高等教育開始投入休閒相關專業人員培養的契機。在教育改革上也正值實施九年一貫課程綱要，當時有不少文章開始提及重視休閒教育（黃政傑，1996；呂建政，1999；宋幸蕙，2000；顏妙桂，2002）。該當時期的休閒教育在國民教育中學教育階段是公民訓育領域專業人員探討的議題。對於學生行為輔導建議以重視休閒，落實課外活動，積極規劃設置青少年活動場所（行政院教育改革審議委員會，1995）。如今高等教育亦設立不少休閒類學系研究所，雖然休閒教育發展是迎合提升學生重視休閒觀念，但也被說是民眾的需求，提升休閒生活品質是當時認為之未來趨勢（高俊雄，1999；劉子利，2001）。

此外，撰寫本論之動機另擬含括另一概念——「地方」。前段提到，地方若能有大學的進駐，因為大學寬廣校地的開墾、特色性建築物的興建、校園樹木花草的栽植、校園內各項運動設施都能提供當地居民休閒使用，則「大學」對地方來說其本身就是一項地方上很好的硬體設施；在軟體方面，大學生、教師與學系特色活動，教職員生生活消費等都能活絡地方，學習活動的展開與課程設計，即地方也能帶給學生不同的學習內涵。2018年，教育部開始推動大學社會責任專案計畫，獎勵大學教師教學計畫融入大學社會責任之理念與作法，期望大學社會參與，聚焦在地連結、人才培育。

事實上，大學學系發展若配合大學在地方的特殊性，應就會考量大學所在地，即教育生態圈內的環境資源，讓學生學習擷取其優勢特色。休閒生活營需要從地利、文化、生態創造影響人類學習的資源與內涵。教師教學也必須參考學生入學起始程度，規劃學生學習的內容以教導學生。

二、問題意識

在大學教育體系,一個學系如何運作、教師如何培養學生、學生學習後的表現等都是值得探究的課題。

觀察臺灣近年之高等教育危機重重,事實上,少子化、錄取率高等因素,大學生的程度直自現在也確實一再被討論。可惜的是,臺灣的高等教育難題似乎一直出現,猶如現今則因說是少子化所造成的現象讓高教招不到學生,近年還有休退學率高的問題。專家早預測「私立大學可能雪崩似的倒閉」情況(上報快訊,https://www.upmedia.mg/news_info.php?Type=24&SerialNo=142509。2022年4月16日。最終查詢日2025年7月5日),同時也顯示學生素質程度可能降低或差異程度甚大。故也有學界人士認為,高等教育未來走向應將評鑑重點置於大學放了多少資源和心力在學生程度和能力上的提升,使大學生畢業後能為社會所用;且教師應因材施教,因為學生學到東西比什麼都不懂來得好(張瑞雄,2006)。

目前政府祭出實施私校生學雜費補助之策略以落實教育平權,雖然對私校招生必然有所幫助。然許多學校之教師在培養學生的教育實踐工作上同樣存在重要考驗,「私立」再加上交通不便之地處不利「地方」大學,則這樣的學校所看到的衝擊尤為顯著。行政院訂2019年為地方創生元年,同年教育部亦開始辦理大學社會責任專案;教育部的大學社會責任計畫乃鼓勵大學、教師教學與學生學習皆能發揮專業知識及創意,主要目標是期待能改善學用落差問題,當然也期待藉計畫執行能促進學生對大學在地有認同感,對地方發展有幫助。無論如何教師的責任是總會想著如何能努力拉拔和確認所培育之學生是否具有素養,因為,這是

對選擇教職職業所應負的責任,也攸關自身工作的意義。另一方面,擴張時期所新設的某些學系,服裝系、時尚系、餐飲系等,民生學院、文創學院關聯的休閒學科是過往未有的學科學習經驗,當然,所謂「休閒學」已經到了要回顧檢課程與驗收教學成果之必要,而對於學生學習素養培育,確實有回顧反思或探究再議之價值。

本書內容所探究之目的就是討論素養、核心能力、社會責任等近年高等教育大學部學生學習關聯之重要議題。並從教師準備實教的立場,思索探究如何教育實踐素養導向的教學任務。本書內容將探討的問題與內容如下:

1. 探究教育界近年盛行素養一詞之定義。
2. 以高等教育休閒系大學部為例,研究分析各校學系所訂定之休閒系學生素養為何。
3. 分析說明大學教師在課程教學範例,以個案大學之休閒系必修課課程為例,教師設定之學習內容、學生學習反饋與教師反思素養導向學生學習的成效。
4. 以學生專題課程為例分析學生素養導向教育實踐之應用情形,並以正職實習課程的學生學習為例,分析休閒系學生工作場域與工作內容,並以實習單位主管對學生表現之評價作為分析學生素養培育之結果如何。

第二章
大學與專業學群學門

- 簡述大學分類與定位
- 簡述大學學群
- 簡述大學教師教學實踐學門

　　大學專業影響生涯發展，因為大學所學知識與技能可能成為未來特定職業的背景與基礎，而國家對教育發展的期待培養學以致用之人才。早期大學入學採聯考方式進行，大專學校分為大學與專科，採理工、文、農醫與法商等甲乙丙丁組別進行分科測驗；2002年後實施多元入學方式，學群分類亦分成更多類型，提供系統性架構能協助學子選擇適合的學群學系報考與就讀。本章主要說明核心素養學習的背景，即大學的類型定位和專業學群分類現況。

一、大學分類與定位

　　在臺灣，大學類型之分類方式眾多，根據大學法第二章第四條大學分為國立、直轄市立、縣（市）立等公立大學及私立。從高中生升學教育資訊平臺「大學問」（https://www.unews.com.tw/）系統，將大學分為一般大學、科技大學。

　　一般大學或科技大學主管機歸高等教育司與技術及職業教育司二部門管轄，而由觀察高等教育任務可以瞭解政府管轄大學的方向。高等教育司下分綜合企劃科、教育品質及發展科、大學經營及發展科等，瞭解高教體系主管機關須管理綜合企劃、大學教育品質與經營事務。其中，綜合企劃科業務包括「大學各類人才培育規劃與彙辦事項」、「高等教育審議會相關事項」；教育品質及發展科則業務包括「高等教育深耕計畫」、「大學校務、系所評鑑與高教評鑑中心運作事宜」、「大專校院職能診斷平臺（UCAN）」等；大學經營發展科業務亦包括「國立大學校務基金法令研修事項」、「大學評鑑法規研訂、政策規劃」、「私立大學整體發展、獎補助事項」。另一高等教育主管機關為技術及職業教育司，下分綜合企劃科、學校經營科等。綜合企劃科業務包含「技專

第二章 大學與專業學群

校院招生」,而學校經營科業務包括「大專校院轉型及退場方案政策規劃與相關事宜」。由以上教育部各司與各科業務,則可發現臺灣高等教育,即大學無論人才培育、教育審議、評鑑與發展、招生等明確由教育部組織系統業務內總管。

此外,許多國立大學自稱綜合大學,一般是指「囊括多學門、跨學科學術知識領域的大學」(維基百科「綜合大學」,最終查詢日2025年7月15日)。2002年因教育部推動研究型大學整合計畫,國立清華大學、交通大學、陽明大學、中央大學試辦臺灣聯合大學系統,並於次年成立,2021年交通大學與陽明大學合併,2022年加入國立政治大學,這些大學被認可為頂尖大學。爾後,又有「臺灣綜合大學系統(Taiwan Comprehensive University System, TCUS)」2011年中南部被稱為標竿大學之國立之成功大學、中山大學、中興大學、中正大學所組成之組織;105學年度起,後四所成大以及三所中字輩大學共同辦理學士班轉學聯合招生考試,也表示學生程度基本上是相當的,以研究型綜合大學定位。由於教育部於2005年至2017年期間擬建設世界型頂尖大學有邁向頂尖大學計畫,主要是給予重點大學經費補助之計畫,其中又有所謂「一流大學」及「頂尖研究中心(重點領域)」,第一期獲得補助成為一流大學的學校包括國立臺灣大學、成功大學、清華大學、交通大學、中央大學、中山大學、陽明大學、中興大學、臺灣科技大學、政治大學、長庚大學、元智大學。顯然,除了長庚與元智兩所私人企業支持之大學獲得補助,其餘皆為國立大學,可見經費經營與經費爭取是各大學生取生存權的重要方式,而研究型大學(research university)即被定位於學術研究為主要辦學目的,而其相對的是教學型大學。

研究型大學與教學型大學之區分如何定位,根據高等教育評鑑中心基金會評鑑期刊所載內容,各大學校長曾提出不同分類觀點,有大學校長提出大學部學生比例較少者為研究型大學,大學部學生比例高者為

教學型大學；也有大學校長認為不宜透過機械性指標，像是學生人數、博士班數量、論文發表篇數等強制分類，以免忽略社會期待（鄺海音，2008）。若根據網路文章表示，即使聲稱兩者（研究型和教學型大學）受到一樣重視，但大部分國立大學和部分私立大學不斷往研究定位，若借鏡美國加州高教系統之功能定位，此類大學學生自發學習、自我督促，個人對自我價值的投資；教學型大學貼近一般學生需求，應採小班教學，以便和學生有更多的接觸指導機會（謝宇程，2019）。張慧如（2019）認為在小型教學型大學，學系因小型又位於偏鄉，在產學合作與社會意義仍可有不同的發展和貢獻。但以100年度校務評鑑計畫，大學在評鑑報告中需要自我定位，教學、研究甚至國際化、全人教育、服務精神，仍是各校基本的定位（蔡小婷，2013）。如此說來，大學對於自行定位及所屬教育生態圈研究的內容範圍、教學的目標得擴大或聚焦。

以地理位置來說又有都會大學與地方大學之另一種大學分類說法。都會大學位於大都會地區、交通便利，商業活動或文化活動豐富；而位於城鎮或以農業發展為主地區之學校可能被稱為地方大學。2019年起臺灣推動地方創生政策，教育部也配合該政策在大學辦理大學社會責任實踐計畫，提出「鼓勵發揮專業知識及創意，改善學用落差；促進再的認同與發展，進而邁入接軌國際之願景。」（教育部大學社會責任實踐計畫網站，https://youthfirst.yda.gov.tw/index.php/subject/content/7990，最終查詢日2025年7月17日），日方創生一詞源於日本2012年日本政府開始啟動之「地方創生」政策，由於推出「地（知）區域知識據點大學地方創生推進事業（大學COC+）」推廣計畫，將大學視為對地方創生能有所貢獻，宮町良広（2017）便將日本國立大學運營補助金學校其中一類為地方貢獻型大學。日本於2016年11月28日內閣府地方創生推進事務局主辦討論事項為「朝向光輝閃耀地方大學 地方大學區域產業創生補助金

第二章 大學與專業學群

（きらりと光る地方大学へ 地方大学地域産業創生交付金）」之全國知事會議，以及2020年2月9日文部科學省會議資料標題「朝有魅力的地方大學實踐（魅力ある地方大学の実現に向けて）」皆提到地方大學，即有「地方大學」的說法。

儘管在臺灣，較少使用「地方大學」一詞，但就詞意而言並非難以理解。「地方」一詞在早年為行政區的概念，也是對大都市或都會區以外地方的稱呼，也是對一定區域的泛稱，故其中也包含人文地理學的一個基本概念（Cresswell, 2014）。本書作者於2020年10月17日參與「2020年觀光與休閒學術論壇暨研討會」之發表，主題〈日本推動地方創生對臺灣高等教育啟示〉一文中已使用「地方大學」一詞，主要是引用日本地方創生政策，另在專著《地方大學教育生態圈學習的擴散也是生命教育——「學習」與生命教育架接之可能性》（2021）便談到好的大學發揮地‧知功能，教師能藉由課程學習內容之安排，將教學實踐融入地方創生與生命教育內涵，培育具有活出生命力之人才。

本書第十章起，因所描述之個案學校校區所屬之位置（地方）位於地方創生政策所指之優先推動地區，故將個案學校該校區也定位為地方大學。書中所提到地方的區分將依照國家發展委員會「都市及區域發展統計彙編」資料的分類方式，將地方區分為北部、中部、南部、東部、其他（含外島），地方大學即指大學所在的縣市或城鎮地方（區域）的大學。

二、大學學群

大學招生委員會聯合會設置之網站「CollGo!大學選材與高中育才輔助系統」（https://collego.edu.tw/）主要以學群、學類和大學地理位置

（所在縣市）區分，以提供高中生識讀參考；系統將大學之學群分為資訊、工程、數理化、醫藥衛生、生命科學、生物資源、地球環境、建築設計、藝術、社會心理、大眾傳播、外語、文史哲、教育、法政、管理、財經、遊憩運動、跨領域學群。也就是說，大學以學群區分專業類型。

以下依上列學群順序，並再歸納分類並依照系統網站資料簡要說明各學群：

(一)資工數理

資訊學群以資訊處理各層次之理論與實務技術；工程學群是將基礎科學的知識與工程技術結合，包括電機電子、土木工程、化學工程、材料工程即工業管理；而數理化學群強調基礎數理化探究，培養基礎科學知識能力，建立實務研究背景。

(二)醫藥衛生與生物生命

醫藥衛生學群是學習維護人類身心健康相關為目標之知識及技術，含疾病或傷害之預防與治療；生命科學學群著重動植物生活型態、生命現象之知識探究，生態學、演化學生物工程科技等技術與學理；生物資源學群強調動植物生物資源的栽培與改良，也包括病蟲害防治、家畜、漁牧產品加工利用研發；地球環境學群研究人類生存環境各種自然現象與人文現象，包括地球地圈、水圈、氣圈、生物圈等聲帶系統知識。

(三)建築設計藝術與社會心理

建築設計學群探究自然社會環境、都市建築與規劃,含室內與商業設計,結合人文藝術與工程技術實用功能及美學整體表達。藝術學群各類表達形式及創作過程之學習與賞析,以人文社會、哲史等知識背景,學習藝術表達概念與創作實踐。社會心理學群著重社會結構及社會系統學習,探究社會公平、社會生活現象與個體生活福祉,提供助人專業訓練。

(四)外語與教育

外語學群外國語文聽說讀寫,該國歷史、文學創作,亦可探究人類文化、社會政治經濟等;文史哲學群進行區域、文化時代間恆縱向比較,瞭解人類發展之思想、軌跡與符號。教育學群主要以培養中小學及幼兒教育師資之專業知識,探究人類對象的教育目標與教育實務方法、訓練技術與原理。

(五)法政管理與財金

法政學群探究人類社會運作中相關法律與政治制度,認識各種法律下的權利與義務關係,包括瞭解政治運作及政治理論建構,訓練從事法案制定相關人員。管理學群處理組織系統內外人事物各種問題,學習從事溝通協調、領導規劃、系統分析或資源整合,學習品質管制觀念與方法。財經學群探究金融體制與系統運作機制,包括資本市場、財務與會計規劃分析、證卷投資分析等,以財務規劃原理概念學習財務實務上配

置與管理技術。

(六)遊憩運動與跨域

　　遊憩運動學群含有助於人類身心理活動運作為核心之理論與實務，包括觀光、休閒產業經營、運動科學理論與實務。至於跨領域則學習內容廣泛，主要包括一般跨學類關注博雅教育形式、工程跨學類以基礎科學接軌制新興工程領域、管理跨學類以管理為核心輔以資訊科學知識、社會人文素養讓學習路徑接觸到多元知識以增能、數理化跨學類以自然科學知識為核心與實務領域接軌、藝術跨學類透過表演藝術音樂設計等知識與專業分流的跨域學習路徑學習雙或多專長藝術產業管理或數位媒體等、文史哲跨學類接軌商管、傳播或藝術設計和外語括學類透過語文、文學知識帶來之啟發接軌至外交觀光商管等實務領域應用。

　　學群是將相似的學系集合為一學類，也表示學系之間關聯性，可能重視的知識、興趣和未來專業發展類似，在功能上可提供高中高職端學生進升學之參考規劃之用，當然亦能提供學習後未來可能發展之職業類型特性生職涯等發展願景之參考。

三、大學教師教學實踐學門

　　2017年起，教育部於開始辦理「大專教師教學實踐研究計畫」，鼓勵教師採取教學行動以改善教學，起初設有通識（含體育）、教育、人文藝術及設計、商業及管理、社會（含法政）、工程、數理、生技醫護、生技農科及民生10個學門，後增加大學社會責任USR專案和技術實作二學門，今年2025年起之114學年度再增加情緒健康與福祉學門。如根

第二章 大學與專業學群

據113年度各學門報告整理之課程領域、該學門次領域或計畫核心議題，可列舉學門領域與次領域內容如下：

1. 工程學門課程領域包括機械工程、電資資訊、電資電子、土木環工、化工材料、科學與基礎課程。
2. 人文藝術及設計學門申請系所以文學、音樂舞蹈美術戲劇藝術、人文歷史哲學文化博物館、傳播廣播數位多媒體影視、工業商品建築空間景觀服裝設計等學系教師申請，另也有商管教育工程通識等系所教師申請。至於通識學門通過之次領域有自然科學、人文藝術與社會科學、語言和體育，其中體育學門又包含人文藝術與社會科學（法政商、性別、藝術、教育、設計思考、心理哲學、社會歷史）、自然科學（資訊、物化數、環境、健康）和語言之次領域。
3. 教育學門之次領域則包括語言教育、師資培育、醫護教育、幼兒教育、教育基礎理論、心理學（含諮商與輔導）、資訊科技（含數位學習）、特殊教育及科學與數學教育等，其中語言教育佔通過案件比例最多，有56件佔總申請通過案件29.01%。
4. 民生學門通過案件領域則有觀光休閒、餐飲、美妝服飾、諮商心理、食品營養、照護、都市計畫、財務金融和研究方法。
5. 大學社會責任USR專案通過兩年期核心議題包括食農教育、優質教育、多元平權、社區營造、醫療保健、環境保育、社會關懷、地方創生和產業創新；而場域類型有農村場、社區協會、校園、社福單位、地區、市場商圈和跨2區域等。

以上，大學的類型，學生學習的學門、大學教師教學的學門分類現況，學門類型的分類有助於系統性瞭解關聯領域課程規劃、招生分析，也有助於教師教學整體規劃，學生學習與生涯發展參考；無論是綜合大

學、一般大學或科技大學、都會或地方大學,學生所學或教師所教的教與學目的皆是為人類文化發展留下紀錄,也追求科學技術的進步社會,能造福人類生活及提升人的生活品質。

第二篇
學理與文獻探討

第三章
素養導向教育意涵

- 素養之定義
- 素養導向教育之能力項目

討論「素養」是現代教育趨勢，儘管華語針對個人修養，在道德與學問之累積和品格風度與氣質能有涵養有素之形容；但從國民教育開始教育的革新——108課綱，更凸顯使用「素養」二字。本章說明與討論素養導向的教育意涵，先探素養二字定義，再根據素養教育相關研究之結果界定其意涵。

一、素養之定義

臺灣教育界盛行使用「素養」二字應為十二年國教課綱強調素養教學、核心素養培育、培養現代公民素養等思考國民教育，這樣的素養一詞，實際上為外來的翻譯學者決定採用的中文字詞。

蔡清田（2011b）引用Rychen與Salganik一篇說明經濟合作發展組織（The Organization for Economic Cooperation and Development，OECD）定義關鍵能力（key competencies）的文章，認為「素養」係指個體為了健全發展，發展成為一個健全個體，必須因應生活情境需求所不可或缺的知識、能力或技術能力（簡稱技能）、態度。蔡清田陸續在文章中定義與宣揚核心素養的功能，並著有《課程發展與設計的關鍵DNA:核心素養》（2015）一書，歸納執行推動臺灣十二年國教核心素養的教育學者之定義，認為「素養」是個體基於生活環境脈絡情境的需求，激發個體內部情境的社會心智運作機制之認知、技能、情意等行動的先決條件，以獲得知識、能力與態度，藉此展現主體能動者的行動，並能成功地因應生活情境的複雜任務要求之一種整體因應行動（蔡清田，2010）。

至於素養為何？吳碧純、詹志禹（2018）在〈從能力本位到素養導向教育的演進、發展及反思〉一文中提到：目前十二年國教課程走向較受歐盟與OECD啟發，說明「素養」一詞概念源自於英文competence或

competency二詞，此與「能力為本位的教育」，也就是國民教育推動九年一貫的「帶得走的能力」和十二年國民基本教育課程強調培育核心素養，都是從competency-based education改譯成素養導向教育。換言之，素養導向教育指以「能力」為本的教育方式，教育的目標是培育學生獲得能力。一般來說，competence中文會翻譯為能力、才能、水準，例如某種能力已達到某一水準；而competency中文翻譯會以技能、能力、本領等字。如此說來，素養就是能力，而這個能力的解釋來自於翻譯的外語，意指是人們要因應成長發展所面臨的情境與環境，需要藉由教育而培養的帶得走的能力；而帶得走則意味走到哪裡都能運用，在不同的環境、場域、情境能活用施行。

楊俊鴻（2018）討論素養課程理論和實踐，以世界經濟合作發展組織（Organization for Economic Co-operation and Development, OECD）教育與科技部部長Schleicher博士的話語引言，提起人們為了未來做準備，需要什麼樣重要的知識、技能、態度與價值以因應未來的工作與生活；後則將素養界定為「一個人為因應現在生活及未來世界，所應具備的各種讀寫能力、知識、技能、人格特質、文化修養、態度與價值觀的總和」（p.13），還分基礎素養（literacy）、高階素養（competence）二詞。其中，基礎素養界定為「於一個特定社會中，和個體基本生活息息相關的重要知能，是任何學習的基礎」（p.13）；而高階素養則是「於複雜的情境脈絡下，運用個體具備的知識、技能、態度與價值，已進行自我組織與行動的能力」（p.13）。總結其觀點，素養是為了因應現實生活而修練的實用技能以及行事負責和有遠見。

某一用詞彙在不同語言翻譯的時會涉及該文化慣用的方式或新設命名詞語，例如，日本學者在學習相關的研究，會使用「有能感」這個漢字詞，當他們翻譯為英文時，也會採用competence一詞，perceived competence會用漢字詞「自己有能感」（碓井真史，1992）；Physical competence一詞則日語漢字寫成「運動有能感」（岡沢祥訓、北真佐美、諏訪祐一郎，1996），強調學習者除了自我判斷自己的才幹能力，也辨識別人如何看待他的能力。中文的能力若翻譯英語會使用ability一詞，根據劍橋辭典翻譯指體力或智力方面的能力，也就是前面提到之技術能力。周宛青（2022）以「從臺灣大學生的跨文化經驗省思跨文化素養議題」為題，透過焦點團體以質性的訪談進行研究分析，認為素養與能力不同，素養更強調「在生活中能夠實踐力行的特質」，並涉及與大環境的連結及持續地自我學習。換言之，帶得走的能力是要活用在能夠面對與解決生活問題，而要解決問題需要養成技能，甚至是主動實踐的特質。

另一個素養常用的英文字為literacy，聯合國教育、科學及文化組織（United Nations Educational, Scientific and Cultural Organization, UNESCO）對素養（Literacy）的解釋是可持續發展的驅動力，功能性素養（識字）和終身學習的基礎，閱讀、寫作和技術技能之傳統概念，在現在被理解為日益數字化、以文本為媒介、訊息豐富且瞬息萬變的世界中能識別、理解、解釋、創造和交流的一種手段。簡單而言，素養（literacy）所有人都該具備之基本必要能力，像讀寫算之類的是讀能力。Cooper（2000）的著作也以Literacy為題，素養是閱讀理解能力，應該幫助孩子識字能力。將學校所學得的知識與技能應用於日常生活中，面臨各種情境和挑戰時應該具備的素養與能力。

以同樣大量使用漢字的日本文獻來看，雖然在日語漢語林辭典可以查到「素養」一詞，指平素之學德技藝修養、學得之事、培養的能力，但在日文文獻上少見此一詞。對於中文所使用的「素養（literacy）」一詞會直接使用外來語音譯的片假名使用法リテラシー，即Literacy一字，在語源上被定義為口頭文化的相反含意，著重識字內涵的工具性、互動性和批判性，隨著社會和教育的現代化是閱讀、寫作的基本技能和文

化遺產常識（佐藤学，2003）。所以日語「健康素養」會使用「ヘルスリテラシー」（大竹聡子、池崎澄江、山崎喜比古，2004）、「媒體素養」則為「メディア・リテラシー」（鈴木みどり，1998）。顯然，素養仰賴教育歷程能具備讀寫、思考、表達的知識性文化與社會性意義。至於，日語文獻對於competency也使用外來語造字，以「コンピテンシー」的片假名直接音譯，根據日本國立教育政策研究所教育課程研究中心長為研究代表者的文獻，將此字說明為指人的綜合能力，其中「21世紀所需的資質能力」也是根據指OECD在1997到2003DeSeCo（Definition and Selection of Competencies）項目所定義核心能力概念（勝也賴彦，2013）。此外，日本勞動研究雜誌（2022），提到教育機關養成之職業能力，也用了「コンピテンシー」一字，指學校課程以能力為本所培養的能力。並指出日本職業訓練政策方向似乎已由技能訓練走向心理性的側面移行，例如職業訓練是為了訓練如何成為社會人的自立性養成。

再從中文思考素養，教育部重編國語辭典修訂本對「素養」之釋義乃指平日的修養，相似之詞為「修養」。劉湘瑤、張俊彥（2018）在一篇〈論自然科學課程綱要中的素養內涵〉一文中，也探究了素養在漢語的來源與本意，在本意上是「平素（時）的修養」，而來源出於漢書和南朝後漢書，素養二字在《漢書・李尋傳》李尋向君王提出建言，平時不栽培人才無法厚植國力，「士不素養，不可重國」；而《後漢書・劉表傳》君王平時應招納賢士為國所用「越有素養者，使人示之以利，必持眾來」，換言之，可以為君王所用之士，在現在看來是國家所有用之「讀書人」，受教育培養出來之有素養可用之才。國家奠定教育政策，培養健全國民、為國培育人才，過往大學生得以稱為知識分子讀書人，故大學生素養指學生能修養讀書人應有的內在內涵與品德心性與心智。

以上，列舉了十二年國教課綱推動開始源自於外語翻譯的素養一詞被使用，此外，也說明了同為使用漢字圈的日語和中文對素養一詞的界

定，其中，以中文文獻對素養的定義如**表3-1**所示，素養是人人都該具備的讀寫算之類的基本能力、健全發展及因應生活情境需求於行動所不可欠缺的知識能力與態度；並在特定情境中包含程序、方法、態度、倫理等累積內在的動態綜合性整體表現；素養是包括人格特質、平時養成面對世事的心智習性形成文化修養、態度與價值觀的總和。綜整以上研究報告之說法，作者歸納素養的養成是指學生進入學校學習與增能，透過學習修養以強化處事的涵養。而就高等教育而言，大學生要像個大學生的樣子，大學生應有的能力都被期待。

因此，就本研究主題大學素養導向教育之操作型定義，本研究認為學系學生在學校在學期間透過學習而學習了哪些知識、技能與態度，並擬瞭解學生在生活中能夠實踐力行的特質達到何種程度，而課程可以說是學生學習和學習成果的中介，在實務執行的課程中，學生的表現結果顯示了其素養。

表3-1　學者研究中所定義之素養教育

定義者	篇名（年代）	定義
劉兆漢	二十一世紀大學教育的新挑戰	知識經濟中的優勝者的素養是具有傳統文化的「膽識」，即冒險精神意願「take risk」，一個人對文化、對歷史的瞭解等人文修養。
李隆盛	科技與職業教育的展望（1999）	人人都該具備的基本能力，讀寫算之類的能力（涵蓋知識、技能與態度面向）。
蔡清田	課程改革中的「素養」（2011a）	個體為了健全發展及因應生活情境需求，主體能動者所需行動所不可欠缺的知識、能力與態度。
蔡清田	課程改革中的核心素養之功能（2011b）	個體為了健全發展，發展成為一個健全個體，必須因應生活情境需求所不可或缺的知識、能力、或技術能力（簡稱技能）、態度。
吳清山	素養導向教育理念與實踐（2017）	Competency能力或技能，成功或有效做好事情的能力。有能力的（competent），具備知識、技能和態度。

(續)表3-1　學者研究中所定義之素養教育

定義者	篇名（年代）	定義
	從能力本位到素養導向教育的演進、發展及反思（2018）	個體在特定情境中的綜合性整體表現，知識、技能、程序、方法、態度、倫理與行動等，終身發展累積内在的動態歷程。
吳碧純、詹志禹	素養導向課程與教學理論與實踐（2018）	一個人為因應現在生活及未來世界，所應具備的各種讀寫能力、知識、技能、人格特質、文化修養、態度與價值觀的總和。
楊俊鴻	論自然科學課程綱要中的素養内涵（2018）	讀書人有知識，也要具有品德操守的内在涵養，平時養成面對世事的心智習性。
劉湘瑤、張俊彥	大學學校經營、課程設計與大學生核心能力之相關研究	大學學校經營對大學生核心能力具有直接影響效果；課程設計在學校經營對大學生核心能力影響上產生中介效果。
簡瑋成	（2017）	素養導向教師教育内涵包括，知識和技能、情意和態度、信念和價值具有適切性，要能教導出有素養的學生，教師應具備專業素養。
吳清山	素養導向教師教育内涵建構及實踐之研究（2018）	素養與「能力」不同，強調「在生活中能夠實踐力行的特質」，並涉及與大環境的連結及持續地自我學習。
周宛青	從臺灣大學生的跨文化經驗省思跨文化素養議題（2022）	素養導向教師教育内涵包括，知識和技能、情意和態度、信念和價值具有適切性，要能教導出有素養的學生，教師應具備專業素養。
周宛青	從臺灣大學生的跨文化經驗省思跨文化素養議題（2022）	素養與「能力」不同，強調「在生活中能夠實踐力行的特質」，並涉及與大環境的連結及持續地自我學習。

二、素養導向教育之能力項目研究

前述，OECD所使用的key competencies中文被翻譯為核心素養，或核心能力。蔡清田（2011）認為「素養」被國際組織的先進國家當成課程改革的DNA，是優質教育改革之DNA，亦是教育基因改造的核心。核

心素養有助個體開展潛能,可產生社會效益,可培養國民終身學習、社會公民責任等社會核心價值是教育目標（蔡清田,2011）。素養構成要素是個體所處的生活情境,個體必須因應生活情境的各種場域複雜需求（蔡清田,2011b）。吳清山（2017）歸納澳洲、經濟合作發展組織、美國二十一世紀技能、歐盟、英國、臺灣的核心素養、新加坡的二十一世紀素養、芬蘭的廣泛導向素養、中國大陸的核心素養,認為各國核心素養共同專注的項目包括了基本學力、身心健康、溝通互動、科技與創新、品格與道德、思考與學習、合作與參與、公民責任、文化理解。至於,歐陸傾向將素養視為個體在特定情境中所達成的綜合性整體表現,尤其重視專業品質,以知識、技能、程序、方法、態度與倫理作為專業發展的核心,企圖兼顧靜態涵養與動態涵養的意義（吳碧純、詹志禹,2018）。讀書人有知識,也要具有品德操守的內在涵養,平時養成面對世事的心智習性（劉湘瑤、張俊彥,2018）。

高等教育部分,核心能力適用於分析和制訂業務策略關鍵要素的管理概念（Holmes & Hooper, 2000）。核心能力是執行特定專業任務所需的知識、技能、能力和屬性的組合。「教學」乃各大學核心任務,教育部於2005年啟動獎勵大學「教學卓越計畫」至2017年限接續為「高教深更計畫」,從2006年獎勵大學教學卓越計畫,大學要以學生需求為中心,以促進學生能力為目標; 2007年度各校要訂定學生能力指標級檢定機制,2009年「教育部補助獎勵大學教學卓越計畫及區域教學資源中心計畫實施要點」申請條件亦昭示學生面應「以發展全校性學生核心能力指標,並有強化學生就業競爭力之具體措施」為獎勵大學教學卓越計畫之申請條件,現在,各校各系已訂定學生核心能力公開揭示於各校系網站。

表3-2　大學生能力相關研究與能力項目

研究者（年代）	能力項目
劉兆漢（2005）	創造力、人文素養培育、社會公義觀念、專業外之人文、藝術社會科學及科技等方面的知識。
吳京玲（2011）	「能善盡公民責任」的社會改革能力、「具挫折忍受能力」的實務工作能力、中文口語精確表達能力、能提出解決問題的有效方案，學識認知、自我管理、團隊工作。
陳柏（2014）	創新領導、解決問題、終身學習、溝通合作、公民社會、美感素養、科學思辨、資訊素養、生涯發展、人文素養。
李隆盛、賴春金、潘瑛如等（2017）	大學生全球素養指標，有溝通、環境、職涯、文化四大構面，以「溝通」最重要。
簡瑋成（2017/05）	大學生核心能力：口語表達、人際與溝通合作、邏輯推理、一般生活知能、人文素養、批判思考、行動力、抗壓性、公民意識與社會關懷、創造力、自我瞭解與內省、國際觀等。
Barman & Das (2020)	二十一世紀能力架構：分析技能、人際交往技能、執行能力、訊息處理能力和變革能力、生活在世界上像是個人和社會責任、組織公民行為、專業知識和一般意識、資源分配和利用、團隊合作、人際交往能力、領導力、溝通（書面和口頭）、創造力和創新、解決問題、計畫和組織、技術專長。
Sáez-López, Domínguez-Garrido & Medina-Domínguez (2021)	以大學生能力的感悟與實踐，列出管理和規劃、更高的認知技能、品質管理和創新、表達和溝通、知識社會和團隊合作的重要性，溝通和書面表達能力、協調和解決衝突能力、協調他人工作的能力、批判推理能力、搜索相關訊息能力、決策、協調工作能力、溝通和口頭表達。

　　根據教育部高等教育司高教深耕計畫第二期，即112-116年的簡報內容，高等教育趨勢強調素養導向教學之學生進入大學，大學傳統教學模式須逐漸翻轉符合學生自主學習型態，自主學習是要能夠引導學生進行溝通協調與討論，必須結合設計思考教學模式，學生被促發能團隊合作的自主學習；而國發會「110-112年重點產業人才供需調查及推估」報告重點產業人才需求STEM領域為多，科技整合培育跨越文理觀點人才，以融合科學、科技、工程、數學與人文，以做中學的學習活動培育問題解決能力；以教育促成SDGS實現是關鍵UNESCO在2017年所發布「教

育促進實現可持續發展目標」等是國內高等教育針對國內外趨勢之分析。高等教育應系統係培育學生能跨國移動與學習經驗，理解尊重跨國多元文化，強化社會責任感及公民意識展現利他行為的世界公民。高等教育品質越來越重視將能力是為學習之教育實踐目標。

劉兆漢（2005）國內教育系統下學生分析能力佳，但於設計和整合等原創工作表現卻遠遠落後國外同年級生，故創造力培養是大學教育中值得重視的問題。並且認為，人文素養培育及社會公義觀念之形成，專業外之人文、藝術社會科學及科技等方面的知識，才能形成健康的社會風氣，就不會讓知識經濟帶來的是經濟成長而已，也帶來社會的不安（引自黃俊傑，2005，《二十一世紀大學教育的新挑戰》，劉兆漢撰，p.7）。

在國內，針對大學生核心能力架構亦開始進行研究。吳京玲（2011）針對大學學士生在各種職業與生活領域所應具備的能力為探究目的，以懷德術整合學界和業界各9位專家意見提出兼容學術界與產業界之大學生核心能力架構，得到的學界業界觀點發現，學界遠比業界強調「能善盡公民責任」的社會改革能力，而業界比學界強調「具挫折忍受能力」的實務工作能力；但兩者皆重視「中文口語精確表達能力」和「能提出解決問題的有效方案」之學識認知構面能力；根據統計資料該研究學界所表達之意見以學識認知、自我管理、團隊工作，而業界則以學識認知、團隊合作、自我管理為權重排序，不過，此研究乃針對一般大學生整體為探討面向，未針對特定學系所培育學生之專業能力而討論之。

何明泉（2011）以〈設計的核心價值與核心能力〉一文討論在談設計系學生核心能力應先認識設計的核心價值，認為設計核心能力在創造核心價值，物質屬性的設計要於提升功能與降低成本間取得平衡；在傳達的設計於資訊時代如何提升訊息傳遞量與簡化編碼使更易被接收訊息者解碼；在體驗的設計是讓消費者親身體驗後留下美好回憶，情境

營造、形式、更重視內容、脈絡及效果等創造,強調核心知識、高質美感、深度體驗、風格體驗與永續經營;心靈設計則進入到莊嚴與殊勝的境界,為總體文化之設計,因此談核心能力、永續發展應見基於有相同的理念與信念。

表3-3為國立臺灣師範大學參考二十一世紀技能評估與教育行動計劃、學生能力評量計畫、國際數學與科學教育成就趨勢調查等國際研究計畫,且參考大專院校通識教育目標發展出大學生基本素養雲端測驗系統端(陳柏熹,2014)。其中,大學生基本素養包括創新領導、解決問題、終身學習、溝通合作、公民社會、美感素養、科學思辨、資訊素養、生涯發展、人文素養之10大項目,並由認知與情意兩方面列出能力指標。

李隆盛、賴春金、潘瑛如等(2017)以「大學生全球素養指標之建構」為題,透過理論探究、文獻檢討,以18位專家進行模糊懷德素篩選出全球素養指標,並透過問卷量性研究分析,在結論上歸納大學生全球素養以「溝通」最重要,還加上環境、職涯、文化等構成的四大構面。

簡瑋成(2017)以「大學學校經營、課程設計與大學生核心能力之相關研究」,採問卷四點量表,並與大學學校經營面、課程設計面研究與核心能力檢討其關聯性;該研究將大學生核心能力題目包括口語表達、人際與溝通合作、邏輯推理、一般生活知能、人文素養、批判思考、行動力、抗壓性、公民意識與社會關懷、創造力、自我瞭解與內省、國際觀等。

吳清山(2017)〈素養導向教育的理念與實踐〉,素養導向教育就本質內涵而言,具有知、情、意三合一完整性,是指知識、能力、態度和價值的綜合表現,也包括品德、毅力和情操等高層次培養;就教育目標而言,讓學生能適應現代社會中之規範,亦培養未來勝任職涯工作,知識、能力和態度,且具有成就感。

表3-3 大學生基本素養認知與情意層面之內涵

	認知能力	情意態度
創新領導	・能帶領團隊達成任務目標，且能引導新思維產生 ・對於任務的規劃、實行與結束皆能有適當且完善的應對方式	・能具備相當自信、開放性與道德觀 ・對與他人互動、帶領團隊和達成團隊任務有較高動機
問題解決	・面對問題時能分析關鍵原因 ・能利用資源與經驗提出可能解決方式 ・能整合各種解決方案的優缺點 ・能發展解決問題的計畫 ・能評估方案是有效進行改進	・能對分析問題的關鍵原因有足夠信心 ・願意在日常生活中使用策略解決問題且理性的使用策略
終身學習	・能知道如何評估自己學習的優劣勢 ・能知道在學習中專注精神保持彈性 ・能自我監控學習狀況促進自我成長 ・能選擇適合資源進行學習	・願意監控、提升學習動機、自我效能、自尊等自我概念 ・能積極樂觀的學習 ・在遇到挫折時願意自我調適已面對挑戰
溝通合作	・能注意到他人意見 ・能正確理解訊息，並知道如何運用適當表達與溝通技巧闡述個人見解 ・在團隊中能進行有效分工參與討論，達成團隊目標	・能喜歡與他人建立正向互動關係 ・在團體中願意表達自己意見與聆聽他人意見 ・能尊重他人感受 ・能控制自己情緒不影響溝通
公民社會	・能瞭解歸懷社會弱勢的方式及落實社會正義應有之價值 ・能發揮公民力量凝聚社群共識 ・能知道如何採取務實公民行動 ・能實際參與社會改良活動	・願意參與公共事務 ・願意探索社會中民主價值 ・能對他人需求予以尊重與關心 ・能對社會中存在知個別差異予以尊重包容
美感素養	・能注意、區辨生活中具美感之事物 ・能連結生活經驗和聯想力體驗生活美感 ・能懂欣賞提升美感知能 ・能體認各種藝術價值及其文化脈絡	・能關心生活周遭細節，追求生活品質，品味生活細微之處 ・能主動積極分配時間去瞭解參與和規劃美感活動
科學思辨	・能認識自然科學基本概念與應用價值 ・能運用所學方法探究科學知識 ・能將科學知識應用於日常生活	・願意瞭解及探究知識 ・能常使用各種校度檢視問題 ・能對研究結果不做過度推論 ・能不輕信權威或缺乏證據支持之敘述
資訊素養	・能區辨資訊媒體功能與限制 ・能瞭解資訊倫理與安全資訊 ・能有效運用網路獲取資訊	・能敏銳且正面態度面對資訊科技 ・能對資訊科技有校高接受度 ・能注重資訊倫理議題

第三章　素養導向教育意涵

（續）表3-3　大學生基本素養認知與情意層面之內涵

	認知能力	情意態度
生涯發展	・能瞭解自我能力性格符合工作程度 ・能考量不同因素做較佳之生涯決策 ・能規劃與執行具體可行生涯目標	・能關注自身未來 ・能積極探索嘗試生涯規劃 ・能有決定自己未來之自信 ・能有面對和克服挑戰

說明：依據陳柏熹（2014）《電腦化大學生基本素養測驗簡介》。

　　Barman & Das（2020）的研究提到一些有關21世紀能力框架的研究，確定能力大致可以分為分析技能（Analytical Skills）、人際交往技能（Interpersonal Skills）、執行能力（Ability to execute）、訊息處理能力和變革能力（Information processing and Capacity for change）、生活在世界上像是個人和社會責任（Personal and Social Responsibility）、組織公民行為（Organizational Citizenship behaviors）和核心學科和21世紀的主題（Core subjects & the 21st Century themes），指的是學科專業知識和一般意識（Subject expertise and general awareness）、資源分配和利用（Resource allocation and utilization）、團隊合作（teamwork）、人際交往能力（interpersonal skills）、領導力（leadership）、溝通（書面和口頭）communication（written and oral）、創造力和創新（creativity and innovation）、解決問題（problem solving）、計畫和組織（planning and organizing）、技術專長（technical expertise）等是有效地實現組織目標的主要工作場所能力。

　　能力是高等教育中必不可少的課程要素；有研究以大學生所感知和實踐能力，透過問卷調查和量化因素分析所得到的結果，可以發現大學生強調管理和規劃（planning skills）、更高的認知技能（higher cognitive skills）、品質管理和創新（quality management and innovation）、表達和溝通（expression and communication）、知識社會和團隊合作的重要性（knowledge society and teamwork），且學生強調優先考慮溝通和書

面表達能力（communication and written expression competences）、協調和解決衝突能力（ability to mediate and resolve conflicts）、協調他人工作的能力（ability to coordinate with the work of others）、批判推理能力（critical reasoning）、搜索相關訊息能力（competence in the search for relevant information）、決策（decision-making）、協調工作能力（ability to coordinate work groups）、溝通和口頭表達（communication and oral expression）等（Sáez-López, Domínguez-Garrido & Medina-Domínguez ed al., 2021）。

根據本章分析，素養之意在中文雖指平日之修養，比較完整的敘述則可以說素養的內涵包含了一個人在基本讀寫的能力，有素養的人願意透過學習與思考、合作，學得生活與志向上能懂得管理與規劃，特別是具備有專業品質的知識、技能與在人格的特質上能懂得溝通與參與，遵循某種社會文化的品德倫理、態度與責任，因此，在教育界在翻譯文上Competency能力或技能與素養用法相通，能勝任職涯工作，甚至懂得應變創新，價值觀和成就感，追求的「全人」教育目標。其中，素養的要素綜合各個學者和文獻共通的要素，知識、技能與態度。有關高等教育核心能力，教育部高等教育司高教深耕計畫趨勢強調素養導向教學，學生的核心能力要能自主學習、溝通協調與討論、團隊合作；國發會產業人才需求強調所需之人才為能跨域整合解決問題能力之人才；而永續發展期待是移動力、尊重多元文化、有社會責任的公民。在能力內涵上，大學生的創造力值得重視、社會公義觀念之形成、專業外之人文藝術社會科學及科技知識；也有學者基於評量能力而列出大學生創新領導、解決問題、終身學習、溝通合作、公民社會、美感素養、科學思辨、資訊素養、生涯發展、人文素養；有研究者研究歸納出溝通、環境、職涯、文化。

能力研究可直接引用政策面文獻所列或採從學生角度以問卷用感知

第三章 素養導向教育意涵

判斷知方式分析其能力類型的項目，又或透過專家討論歸納。這些項目包括了管理和規劃、認知技能、品質管理和創新、表達和溝通、知識社會和團隊合作的重要性、協調和解決衝突能力、協調他人工作的能力、批判推理能力、搜索相關訊息能力、決策、協調工作能力和分析技能、人際交往技能、執行能力、訊息處理能力和變革能力、個人和社會責任、組織公民行為、核心學科專業知識、一般意識、資源分配和利用、團隊合作、人際交往能力、領導力、溝通、創造力和創新、解決問題、計畫和組織、技術專長等是有效地實現組織目標的主要工作場所能力。由此可知，能力的項目能被命名，亦能將關聯性高之能力分類歸類而組合訂定研究檢討的項目；換言之，項目間可能組合成之同一類型能力，若以問卷之量性分析，得採因素分析將同一類因子項目予以命名；若以質性分析則可透過文字內容或領域教師之教學經驗判斷之，也可能具有某種主客觀條件下的解釋方式。例如，「認知技能」、「技術專長」、「核心學科專業知識」是以認知與技能、學科與術科、知識與技術，甚至與「美感素養」、「人文素養」、「文化」、「環境」有關，這些核心能力得逐項分類亦可部分整併。根據教育部重編國語辭典「知識」與學問、常識二詞相似，指有見識與學問，又若根據維基百科對知識一詞之解釋，知識是對某個主題認知與識別的行為藉以確信的認識，這些認識擁有潛在的能力為特定目的而使用，亦指透過研究、調查、觀察或經驗而獲得的一套知識或一系列資訊。換言之，大學生在校修習的知識，包括專業與通識，認知與技能，透過觀察、經驗與調查研究，而習得一套認知與識別的一系列資訊，在本章素養導向核心能力的定義與內涵檢討中，知識、技能、態度、人格特質與文化修養是可以分開的項目，環境、職涯、文化也是被分列的項目，另一方面，學者也認為素養也是能組合的知識經濟中的「膽識」或綜合性整體表現，面對世事的心智習性，素養是讀書人有知識也要具有品德操守的內在涵養，素養要在生活

中實踐力行又應與大環境的連結，國家需要的人才能力是須具備跨域整合解決問題能力之人才，期待是移動力、尊重多元文化者；因此，本研究將限定為各校訂定核心能力時所提出專業知識為「知識」，另將「態度」、「研究調查」分出、經驗二字轉換為體驗，將「多元文化與人文素養」列為同一類。

學者將「合作與參與」、「知識社會和團隊合作的重要性」、「團隊合作協調他人工作的能力」歸納為關聯性之能力組合，參與通常指實作與執行、體驗；參與往往需要與人合作協作，重視團隊精神的態度，因此，合作團隊可以是同一能力項目，執行力需要實際行動解決問題，換言之是身體力行具有行動力與移動力的表現，大學生除學科認知方面的學習，實際體驗實務工作以培養能力是課程教學的一種方式。故本研究認為解決問題與體驗可以並列討論，基本上此二者皆具有執行的行動力。

在核心能力項目中，表達溝通可能運用書面亦可能以口語作為表達的方式，「表達」和「溝通」為一能力項目，協調他人工作的能力也可能需要表達與溝通，也是計畫與管理的能力，也是領導能力，亦有研究將「溝通合作」組合成一項能力，與人際交往能力和能否團隊合作關聯；換言之表達溝通協調是可以歸類為一項核心能力組合，其中表達包括口語與書面是一種解說的能力；「協調和解決衝突能力」是協調和解決問題能力的組合，也包含批判推理能力與個人情緒行為管理的能力，因此，表達溝通協調解說可歸納為一項能力。

「計畫和組織」與「管理和規劃」皆有計畫組織、規劃管理的同樣能力內涵；又或而「創造力和創新」、「創新領導」、「品質管理和創新」、「訊息處理能力和變革能力」有其重疊之處，有創造力才能創新，而創新需要變革進而提升品質管理，管理計畫與創新可以組合成一項能力。其中，「訊息處理」與「搜索相關訊息能力」關聯，當然也與

第三章 素養導向教育意涵

「協調工作能力和分析技能」的分析技能有關,且將進而影響「執行能力」,根據MBA智庫百科對執行力自詞的說明有執行力就是有實際操作的能力,也就是說解決問題與體驗執行必須組合成一項能力,國際的移動力往往需要尊重多元文化且可能需要具備外語溝通的能力,因此國際視野與外語列於同一項能力;多元文化雖然包括人文素養與不同族群的語言理解和溝通,也就是說,語言能力仍可將語言上可以分為外國語與國內各族群所使用的語言。

由於各校系已將核心能力列於網站資訊,且各校應循大專課程審查機制,每年課程發展相關會議應會敬邀產官學及校友代表等參與討論,故研究各學系核心能力得可不再以懷德素篩選等方法研究,而可將核心能力之分類將依照學系所訂定的核心能力文字內容予以分析。

第四章
大學社會責任與教育生態圈教學實踐

- 大學社會責任
- 教育生態圈教學實踐研究

大學一詞為除為中華文化儒家經典之一，也是國學級別分類，小學貴族子弟基礎教育，大學則為修身、齊家、治國、平天下，培養品德連結社會政治之教育，而在近代之新式教育中成為國家菁英培育的重要機構。大學社會責任得追溯到對社會回應和對大學角色的再定義的概念。

一、大學社會責任

大學社會責任（university social responsibility, USR），係指大學除了善盡其教學和研究責任之外，也要盡其所能負起服務社會的責任，培養學生具有社會方向感和使命感，帶動社會的進步與發展，以發揮大學功能和促進社會永續發展（吳清山，2018）。社會責任指的是一種使命、道德觀，願意為生活的所接觸的生態範圍的環境、社會和經濟面等付出，也是一種意識形態理論。事實上，教育也是對意識形態及相關概念的主張，因此，國家倡議和施行之政策必然會牽動教育的走向並且影響所設定的教育目標。

(一)私人辦學培育多元人才

回顧臺灣私立大學發展建校，國民政府來臺後，1950年臺灣第一所私立高等學府創設先以淡江英語專科學校設校，於1980年為現在之淡江大學；1960年代以文教建設為主題，設立之中國文化研究所、中國文化學院，1980年該校更名為文化大學，創設過多元專長學系培育在各領域能施展之人才；而現在的靜宜大學則源於20世紀初在中國大陸就已設校之學校，在1950年代中期在臺成立靜宜女子英語專科學校，1989年升格為靜宜女子大學，1993年開放招收男性學生，象徵社會變遷使至性別

平等價值受到推廣別具意義；1953年現在的中原大學原籌創農工學院，1955年為教育部核准立案設中原理工學院，也有臺灣社會從農業社會轉向工業社會人才需求不同之意義；同為原在中國大陸已設校的輔仁大學則在1960年代於臺灣復校。另外，臺灣曾經有三專學制，1956年創世界新聞職業學校，1960年改制世界新聞專科學校，1991年改制世界新聞傳播學院，1997年改名世新大學，學系範圍擴大；1957年銘傳女子商業專科學校，1990年私立三專中首先升格為銘傳管理學院，1997年改名銘傳大學。1958年謝東閔先生創立實踐家政專科學校，1990年改制為實踐設計管理學院，1997年名實踐大學。這些私立大學培育外語人才培育、以中華文化創學為理念、呼應性別平等潮流概念、順應科技發展培育理工、新聞媒體傳播等人才，在外語、商業與家政教育提供女子專門教育機會，亦為配合國家發展抱持理念而創校。教育對國家發展的重要性不容置疑，為提升公民的知識水平、提升人力素質，培養學生不同的專業能力，在各行各業提高產業勞動者的教育素質，亦為國家經濟成功提升之重要因素，高等教育自有其功能。

(二)高教評鑑與學生學習課程品質監督

高教評鑑視監督高等教育辦學品質之機制。大學培養有素質與能力人才的功能之本質原就是一種社會責任，不過，當高等教育走向大眾化，高等教育也要滿足社會大眾對其需求。

臺灣在1970年代高等教育開始辦理評鑑，一般而言，高等教育學校之系所評鑑報告可以分為數項目填報撰寫，項目一為系所目標與特色、發展規劃；項目二為課程、教師與教學；項目三為學生事務或學生學習、項目四為教師研究與專業表現、項目五畢業生表現等。以評鑑方式檢視監督高等教育教與學之成果。

與教育實踐有關之政策，依據潘文福（2014）的說法，1994年大學法第三次修正後強調大學自主精神課程多元與自主走向，在一股追求教學卓越潮流之下，形成以探討學習成果導向之核心能力評量發展趨勢。潘文福（2014）其所引用回顧國際教育趨勢，引用文獻提及1970年代末美國教育學者關心學生素質問題，至1980年代中期討論已學習成果評量為主軸之大學教育改進策略。可見，臺灣的高等教育傾向於引進和接受美國高等教育的啟示與影響。

　　2000年，美國工程與科技教育認證組織（Accreditation Board of Engineering and Technology, ABET）推出工程課程認證標準，即雙迴圈評量機制，包括外部迴圈（outer loop）與內部迴圈（inner loop）。外部迴圈指藉由徵求蒐集外部顧客意見改善教育目標適切性；內部迴圈指依據教學目標擬定教學成效目標、課程目標、描述成效指標，教學設計、策略、選教材、實施教學與評量的過程。此認證的大小迴圈規劃管理機制，在臺灣各大學引起很大迴響（李秉乾，2008；李坤崇，2011）。

　　二十一世紀，臺灣大學教育追求卓越，重視教育的教學與成果，2005年教育部啟動獎勵大學「教學卓越計畫」直至2017年，採行大學校際間競爭型獎勵機制補助大專校院辦學與提升教學品質。2018年高教深耕計畫，仍屬於競爭性獎勵機制補助計畫，私立學校依辦學績效所給予的獎助經費比例降低學校規模所給予之獎助經費。教育部顧問室於96-98學年度所發展的「以通識教育為核心之全校課程革新計劃」之子計畫二「全校課程地圖」大學「教學卓越計畫」大學課程地圖為評鑑項目，成為臺灣高等教育課程地圖的推動背景（引自王嘉陵，2010，p.166）。課程地圖（Curriculum map）原為描述性的表列課程計畫，English（1980）和Jacobs（1991）等人開始課程規劃計畫概念，現在因為電腦科技進步，能轉換為圖式，因此現在看到的課程地圖簡單地說就是將課程計畫原為表列更改為圖示，換言之就是在課程列表上作視覺上的改變

有利於瞭解課程學習進程的順序。一般是以課程科目名稱以線性式呈現。

　　2005年成立財團法人高等教育評鑑中心基金會，是專責評鑑的單位。第一週期系所評鑑精神確保提供學生一個優質的學習環境；第二週期系所評鑑以推動與落實學生學習成效品質保證機制。其中，第一週期校務評鑑導入PDCA品質保證，而PDCA也是由美國學者Edwards Deming提出之品質管理理論。高等教育評鑑中心提出引導大學校院訂定學生核心能力；依據教育目標品質管理經營先決條件，訂定計畫（plan）、執行（do）、檢討查核（check）、改進後後續行動（act），培養學生能力是依規劃執行實踐反思檢討的流程。

　　高教深耕計畫之補助以全面提升大專校院品質及促進高教多元發展，改善教學品質並提升學習成效為目的。臺灣高等教育司在2008年度施政報告書提到要對一般大學建立進退場的校務評鑑機制，大學推動大專評鑑、系所評鑑，以提升高等教育品質。有研究者提到，大學評鑑概念源於美國，2011年由高教評鑑中心實施大學校院校務評鑑採認可制。認可制是自願過程，透過非官方學術團體，同僚評鑑，檢視被認可學校是否已達成自我評鑑中自訂目標符合評鑑標準（王彥方、林信耀、王保進，2013）。評鑑指引教育過程及教學形式必須有明確化的目標及確認目標是否達成的績效指標，同時，也以明確訂定學生畢業時應具備之核心能力，核心能力應從課程設計、教師教學、學生學習三方面著手（許政行，2011）。王保進（2011）規劃官方校務評鑑參考基準尺規，課程關聯有「教學與學習資源」、「績效與社會責任」、「持續改善與品質保證機制」部分指標，採取教學、學習與課程交互融合方式，整體檢視進行（潘文福，2014）。

　　2012年起，以學生學習成效作為評鑑主軸之系所評鑑，各系所應該協助教師與學生建立完整的教學和學習檔案，回到從輸入面（input）

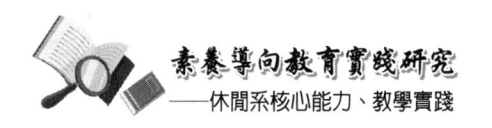

的評鑑轉成產出面（output）之評鑑。2015年，財團法人高等教育評鑑中心基金會105年度大學校院通識教育計第二週期系所評鑑實施計畫，第二週期校務評鑑在項目二校務資源與支持系統列出確保學生學習成效之機制與做法，也因為在校務評鑑引導下學習成效以核心能力是執行重點。

有大學教務教學關聯之行政人員提出因應之道，認為在課程方面先進行系所整體規劃與設計，其次，制定每門科的課程指標及權重，以學生所屬學系的角度思考，接著，思考各學系要培養之競爭能力，進而以能力地圖將學業成績轉換為體檢表；教師在教學目標須呼應且連結校院系之核心能力指標，透過學校教務端系統顯示列出每週上課日期與週數，讓教師能清楚闡述每週教學活動內容與課程活動安排，授課教師也將依據這些教學活動進行學習成效評估（許政行、簡瑋成、林靜慧，2016）。最終認為成果導向學習，以教師教什麼促使應轉換為學生應學什麼，重視學生在學習力成之後真正擁有的能力，結論是可以達成「落實學生學習成效品質保證，培養學生帶得走的核心能力。」

基於新管理主義以大量獎勵性經費品質改進計畫引導大學依循政府政策爭取競爭性經費補助，而大學以爭取計畫經費補助視為辦學績效品質保證。

(三)USR催生與服務學習課程連結

另一方面，大學必須擔負社會責任實踐，而有所謂「社會責任實踐（University Social Responsibility, USR）計畫」催生。在教學上也以引導性獎勵介入，例如，於民國2007年5月9日訂頒大專校院服務學習方案，在法規上頒布補助大專校院開設具服務學習內涵課程作業要點（2008年），2013年仍頒布教育部服務學習推動會設置要點，服務學習課程以

「課程」結合社區服務，協助學生應用課堂所學、增進自我反思能力、欣賞多元差異、瞭解社會議題即培養公民能力（摘自「教育部補助大專校院開設具服務學習內涵課程作業要點」，https://edu.law.moe.gov.tw/LawContent.aspx?id=FL045164，最終查詢日：2023年7月3日）。提供大學教學的策略性方向，也挑起大學教學的社會性責任反思。

國家發展委員會於2016年就開始推出「設計翻轉地方創生計畫」，根據行政院新聞傳播處新聞稿表示，「透過引導地方盤點及發掘在地DNA與特色，釐清產業定位，……創新設計活化閒置設施成為地方特色場域等面向，已逐步達成吸引人口回流。」（行政院，2018）。行政院於訂2019年為地方創生元年，2020年「配合地方創生政策的推動，教育部為鼓勵大學積極參與地方創生同年教育部亦開始辦理大學社會責任專案，即促使大學成為促進區域發展、協助地方或鄉鎮推動地方創生的夥伴，提出「鼓勵發揮專業知識及創意，改善學用落差；促進在地認同與發展，進而邁入接軌國際之願景。」（教育部大學社會責任實踐計畫網站，https://youthfirst.yda.gov.tw/index.php/subject/content/7990，最終查詢日：2022年10月24日）。第一期（107-108年）、第二期（109年-111年），現執行第三期（112年-113年）持續深化聯合國永續發展SDGS議題，將大學社會責任理念融入校務治理，以人為本，從在地需求出發，透過人文關懷與科技導入，協助解決區域問題，善盡社會責任，以朝向USR永續推動。大學的責任的發展趨勢趨向於人文關懷走入社區協助「在地」發展，大學的教育實踐也以善盡社會責任以人為本，透過知識、創意學習改善生活環境。

2017年接續「高教深更計畫」，根據2017年7月行政院核定教育部高等教育深耕計畫提到，「我國大學近年來過度強調學術研究、且採用量化績效指標（如論文數、大學排名等），忽略對在地問題應有之關注與投入，未能有效促進研發成果帶動產業與社會發展。」「接下來大學

應該要思考如何發揮更大的在地關懷與產業影響，協助周邊的環境、學校及產業的發展，提高大學的社會責任與影響力」。臺灣大學課程地圖的繪製起因於通識教育、高教深耕計畫，與大學學生核心能力學習與職涯教育接軌有關。

2018年，高等教育深耕計畫以辦學績效、學術能量、學生人數等方面進行經費核定；臺灣2022年全國大學校長會議則提出推動永續發展校園治理成為共識，發展學校優勢呼應SDGS精神，涵括教學創新精進、提升高教公共性、產學連結與善盡社會責任的核心論述。2023年公布全球鏈結核定學校，協助大學追求國際一流地位及發展研究中心，強化國際競爭力。

王保進（2022）分析當前與推動符合學生興趣與探索好奇心的跨域學習相關政策與趨勢是，(1)大學社會責任在地鏈結之必要；(2)永續發展全球夥伴關係共識，從教學、研究、服務及跨域合作發揮社會影響力；(3)社區大學在地深耕之需求。高等教育跨域學習網絡拓展之方向。大學善用學術專業，發揮行動與倡議領導者，協助人民提升公民素養，社會共融面協助地方創生改善生活品質，發展綠色經濟，環境與健康生活概念。

回顧本段，臺灣從國民政府來臺後私立大學發展建校，語學、文化、農理工、傳播、從女子教育到性別平權概念，便也承擔人才培育之社會責任。儘管大學責任為何需要先定位大學的功能為何才能確定高等教育的經營方式與發展走向教育，但由前述文獻可以知道，現今大學被要求社會責任重視教學實務能培育學生（未來公民）之能力，提升公民素養，著重於與地方的鏈結，且發展走向對環境、健康有益的方向；從評鑑標準到教育政策的指引，大學的責任傾向於以學生學習為中心，逐漸也強調重視大學教學與實踐，大學與在地的連結所能展現績效為主，因此，行政院訂2019年為地方創生元年，同年教育部亦開始辦理大學社

會責任專案,讓大學社會責任與地方創生的概念也有了連結的關係。

二、教育生態圈教學實踐研究

(一)大學教師教學實踐

　　大學也是學校教育的一環,和高、中、小學同樣,皆有所謂教學的場域、師生關係、教師教學的內容、學生學習目標與內容、與教育理念或教學現場有關之研究與方法。

　　陳碧祥(2001)曾指出大學教師專業內涵包括教學、研究以及服務之專業知能。(1)教學:包括教育理念與精神、課程能力、教學能力、學科知識、教學知識、評鑑知能、學習如何教學之知識;(2)研究:包括學術研究理念與精神、學術研究能力、學科專業知識、發表、欣賞及批判能力;(3)服務:包括服務理念與精神、社會文化特性與知識、社會批判理念與精神。

　　孫志麟(2007)曾提及大學教師隨時代更迭賦有教學、研究以及服務的專業任務,也因社會變遷及發展而扮演不同的角色。《大學法》於2019年12月11日修正條文,第四章教師分級及聘用第17條「大學教師分教授、副教授、助理教授、講師,從事授課、研究及輔導。

　　教育部於107學年度起推動「大專校院教師教學實踐研究計畫」,目的在於鼓勵大學教師重視教研合一提升大學教學品質;2017年開始辦理此計畫,主要意義「落實教學創新,強化學校培育人才任務」為獎勵大學教師重視教學,鼓勵大學教師教研合一,對教學實踐研究計畫界定於「教師為提升教學品質,促進大專校院學生學習成效」在內涵的界定

上，則以教育現場或文獻資料提出問題，透過課程設計、教材教法、或引入教具、科技媒體運用等方式，採取適當之研究方法及評量工具檢證成效之歷程。

吳清山（2018）《素養導向教師教育內涵建構及實踐之研究》，以訪談9名資深公私立大學教師，分析素養導向教師教育價值與內涵建構，認為教師有引導培育發展方向之價值，也說明素養導向教師教育推動的困難主要來自對素養概念詮釋不易缺乏共識；建議教師教育發展藍圖，確立教師教育的行動方案和策略，有效負起培養未來社會所需之人才責任，提升課程、教學和評量能力。

近年倡導大學社會責任，認為大學教師應協助大學推動實踐社會責任的工作，大學教師服務任務已被擴大。各校也訂定相關獎勵，例如，某大學則訂有「本校為鼓勵教師積極參與實踐大學社會責任，於教師評鑑、教師升等、彈性薪資及各類獎勵補助規定中，將教師參與實踐大學社會責任事項納入評量。」

(二)民生學門教育部教學實踐研究

培養學生能力最重要的是打好基礎，即基礎學科的訓練。教育部於2017年開始辦理「大專教師教學實踐研究計畫」主要意義「落實教學創新，強化學校培育人才任務「為獎勵大學教師重視教學，鼓勵大學教師教研合一，對教學實踐研究計畫界定於「教師為提升教學品質，促進大專校院學生學習成效」在內涵的界定上，則以教育現場或文獻資料提出問題，透過課程設計、教材教法、或引入教具、科技媒體運用等方式，採取適當之研究方法及評量工具檢證成效之歷程。

教育部教學實踐研究鼓勵教師採取教學行動以改善教學。教育部教學實踐研究計畫申請，110學年度將學門劃分為10個學門類別，包括，

通識（含體育）、教育、人文藝術及設計、商業及管理、社會（含法政）、工程、數理、生技醫護、農科及民生，且於110學年度起試辦大學社會責任專案，為配合教育部推動大專校院教師教學實踐計畫提出；111年度有分為商業及管理學門、數理學門、通識（含體育）學門、社會（法政）學門、人文藝術及設計學門、生技農科學門、工程學門、專案技術實作學門、醫護學門、專案大學社會責任學門、教育學門、民生學門。各學系教師得自行選擇教學實踐研究領域適合之學門申請，由於未有休閒學門，因此一般休閒觀光領域可能會申請民生學門，當然亦可能申請其他學門類。針對教學實踐研究計畫，各校也另行訂定準則，提出對學生學習有效的各種教學措施，進行教學場域之實作，並透過研究檢證教學成果，進而提升學生學習成效厚實學生職場競爭力。

根據大專校院校務資訊公開平臺對「餐旅及民生服務」學門之說明，此學門再被分為家政服務學類、美髮美容服務學門、旅館及餐飲學類、運動學類、旅遊觀光及休閒學類、其他餐旅及民生服務六類（餐旅及民生服務學門。https://udb.moe.edu.tw/udata/ISCED/101。最終查詢日：2023年6月16日）。此學門可以說包括家庭、生活、食衣住行、娛樂休閒等人類生活探究，休閒系的學習亦屬於民生學門。

表4-1為教育部教學實踐研究民生學門休閒系教師計畫，由各校休閒系教師所提出且通過之計畫有15件。北部學校教師通過的計畫案有五件，有「以航空訂位系統」課程學科與術科教學為例，進行智慧化、即時性、個別學習補救之引導設計教學；以國際休閒產業分析為例，促進思考文化的教室環境經營；以任務驅動教學法研究如何改善觀光資源課程學生學習態度和學習成效；以實境實務行動學習研究能融入養成侍酒師職能的教學；以鷹架理論融入同儕學習研究國民旅遊實務課程。中部學校教師通過的計畫案有六件，有以戶外休閒活動體驗實務課程為例，研究以同儕評量融入運動教育模式對於學生學習成效之影響評估；有採

整合適性化學習融入團隊合作能力的研究；有兩案皆以體驗教學、體驗學習進行教學實踐研究，其中，一為以體驗學習研究觀光地理課程，另一為服務業管理課，比較特殊的有一案以研究偏鄉學生課餘時間休閒活動為教學實踐研究。南部學校僅有3案通過，創意原理、文化創意、服務學習、品格教育是研究的主題內容，地方大學、在地社區是研究範圍，而擴散與聚斂學習、合作學習是教師提出之學習方法。東部學校有一案通過，體驗式、反身思考式探究休閒社會心理學。嚴格說起來，110學年度各區域地方教師提出的教學實踐研究計畫案稍有不同，北部學校職務職能、課室學習、智慧性個別性；中部學校引導促成同儕、整合合作、體驗活動的學習導向較為明顯；南部社區地方性、設計與創意的教師課程設計性主題較為明顯，東部學校是唯一研究社會心理學科目之計畫。教育實踐研究就是鼓勵教師採取行動，改善教學現場問題，或進行創新性的研究。以上，雖然透過計畫名稱當然無法確切判斷整體研究設計方式，不過能從關鍵字中找到研究類型之傾向。

表4-1　教育部教學實踐研究民生學門休閒系教師計畫

（110學年度，含綜合大學與科技大學教師所提計畫）

編號	地方	學系／系	教學實踐研究計畫名稱	主題或教學方法
1	北部	休閒事業管理系及教學發展中心	智慧化即時性個別學習補救引導設計——「以航空訂位系統」課程學科與術科教學為例	思考文化 國際休閒產業分析
2	北部	休閒事業管理	營造一個充滿思考文化的教室——以國際休閒產業分析為例	任務驅動教學 觀光資源 學生學習態度
3	北部	休閒事業管理	以任務驅動教學法改善觀光資源課程的學生學習態度和學習成效之研究	實境情境行動 服務實務 侍酒師專業職能
4	北部	觀光休閒	擴增實境情境行動學習融入侍酒師服務實務課程之專業職能養成研究	同儕學習 實務課程

（續）表4-1　教育部教學實踐研究民生學門休閒系教師計畫

編號	地方	學系／系	教學實踐研究計畫名稱	主題或教學方法
5	北部	觀光休閒	鷹架理論融入同儕學習應用於國民旅遊團實務課程之教學實踐研究	運動教育 戶外休閒活動 體驗實務
6	中部	觀光休閒管理	同儕評量融入運動教育模式對於學生學習成效之影響評估——以戶外休閒活動體驗實務課程為例	適性化學習 合作能力
7	中部	休閒與遊憩管理	整合合作和適性化學習融入團隊合作能力提升之創新教學	體驗學習
8	中部	休閒事業經營	體驗學習在「觀光地理」課程之應用	問題導向 旅館管理
9	中部	休閒產業管理	結合問題導向學習的旅館管理教學之研究	體驗教學
10	中部	觀光與休閒學	探討溶入體驗教學與PBL對提升學生課堂參與之研究——以服務業管理課程為例	服務業管理
11	中部	休閒遊憩	偏鄉學生課餘時間休閒活動之探討	課餘時間休閒活動
12	南部	休閒產業管理	地方大學教育生態圈學習的擴散與聚斂——創意原理與服務學習	擴散與聚斂學習 創意原理 服務學習
13	南部	休閒暨遊憩管理	改善大學生學習成效與品格——在地社區場域為例	品格 在地社區場域
14	南部	休閒暨遊憩管理	建構合作學習法與綠活圖設計之休閒文化創意產業個案研討教學	合作學習 休閒文化創意
15	東部	觀光暨休閒遊憩	探討「休閒社會心理學」課程融入體驗式學習與反身思考之學習成效	休閒社會心理學 體驗式學習 反身思考

說明：教育部教學實踐計畫官網資料，僅選取學系名稱包含休閒二字之計畫。

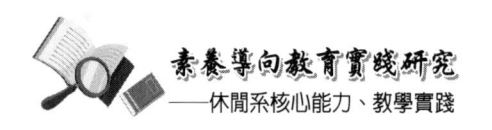

(三)大學社會責任專案教育部教學實踐研究

2018年教育部開始推行「大學社會責任（University Social Responsibility, USR）實踐計畫」，「引導大學以人為本，從在地需求出發，透過人文關懷與協助解決區域問題，善盡責任……聚焦於區域或在地特色發展所需求或未來願景，強化在地連結」（行政院教育科學文化處，2019）。很明顯地，大學執行社會責任計畫，主要需與大學所在地的「區域性」和「地方」特性有關，可以說是藉由大學的功能和教與學的方法與力量，能採取以創造「地方創生」為目標的行動。

教育研究之背景即與所處時代連結，面對現象探究時應先瞭解所處時代的動脈與趨勢。無庸置疑，現在這個時代都被稱為是全球化的時代，這表示是處在一個因電子科技發達，憑藉著訊息流通與交換，藉由訊息資本和文化溝通等的流動已沒有時空的限制。世界各國人才得以流通，交換經驗，研究人員可以以知識、技能和技術通往世界各國為人類貢獻，無國界限制之「無國界研究人員」。言之，教育與研究是為了貢獻國家的國家主義的目的以難以說服全球化下的子民。全球化中極為關鍵的面向政策與實務跨越政治、文化與地理疆界，個別政府設定相似的政策與實務也以在全球競爭中擁有優勢，社會文化媒介或許過濾了觀念與實踐的全球化散播、採用、調適或抗拒。例如，日本教育政策學會年報報導提到學校將應對棘手的問題，國際化的影響造成環境上的複雜與困難，例如需要日語教學的外國兒童數增加，教師在定性或定量上都難以處理。面對全球化時代，自由經濟體制與強國強勢影響，迎面而來的他者、不同的文化，以及無窮盡的多元性，應如何在理論上和實踐上去面對和處理這個問題，人們的思考模式、教育方向，無法不受到影響。Delors等（1996: 49）在《學習——財富內蘊其中》所稱之教育應該使個

體覺知其根源,有合適之參照點以決定在全球化世界中的地位,教育也應教導瞭解、欣賞且尊重其他文化。以永續發展作為教育的關鍵概念上包含了人類發展與合作、生態、倫理或全球公民之範疇。當人類和諧地關心這些範疇之不同面向為人類提供一個更為美好的世界。

　　如**表4-2**所示,110學年度教育部教學實踐研究計畫屬於大學社會責任專案研究計畫由休閒系教師提出之計畫有五件,其中僅限於北部學校與中部學校,南部學校尚未有休閒系教師提出教學實踐研究計畫的大學社會責任計畫,一方面可能是第一年申請能申請計畫的訊息與申請方式尚未被教師們週知,另一方面也可能社會責任計畫得申請二年期,而教學實踐研究計畫之申請,教師必須選擇開課的科目,由於教師教學行動研究維持行動歷程,學生選課每學期每學年科目不同對教師設計研究計畫可能形成難題,當然也可能因為教師對大學社會責任的教學實踐研究不夠熟悉。北部學校有一案,以桃園為研究場域、中部學校有四案,阿罩霧社區、古坑大埔社區、食安文化素養、常民生活傳承通識課程是研究的主題。

　　以上,可以發現政府鼓勵大學教師以教學和研究投入參與行動式、實踐性、實務性,並鼓勵結合社會、地方而找到實踐社會責任的方式,大學教師已被鼓勵以教學行動研究運用於創新教學或教學創新。大學的社會責任會透過教師對教學的投入而實踐教育績效。本研究在第五章個案學校研究分析,將舉出該學校學系教師之教學與行動方式說明教師配合國家政策(地方創生、社會責任等理念)如何設計自己的教學和學生學習的方式,以說明教師為學系培育學生核心能力而努力的歷程。

表4-2　教育部教學實踐研究專案大學社會責任計畫休閒系教師計畫

(110學年度)

編號	地方	學系／系	教學實踐研究計畫名稱	場域／主題
1	北部	休閒遊憩管理	智慧走讀桃園-「跨域」與「跨遇」—休閒美學教學實踐研究課程	北部桃園 休閒美學
2	中部	休閒與遊憩管理	阿罩霧社區特色產業基於「顧客關係管理」USR場域實踐課程之行動研究	臺中阿罩霧社區 社區特色產業
3	中部	休閒遊憩系	參與式設計之地方創生教育(一)雲林縣古坑鄉大埔社區之農村魅力探索	雲林縣古坑鄉大埔社區（農村） 參與設計探索
4	中部	休閒事業管理	產官學聯合建構食安文化素養，推動專業人才培育	產官學聯合 食安 人才培育
5	中部	休閒事業管理	跨時性社區參與學習模式建構—以通識課程融入地方常民生活傳承與創新課程設計	社區參與 通識 地方常民生活

第五章
借鏡日本——地方創生與高等教育

- 日本地方創生於高等教育之作法
- 日本地方創生案例

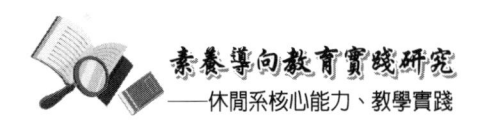

社會期望的轉變對高等教育的大學產生類似於對於企業社會責任一樣的要求；全球永續發展趨勢使各國和國際組織推動相關措施，例如，日本推動地方創生政策，臺灣大學社會責任也強調在地連結、在地出發的人才培育方向。本章主要說明日本地方創生於高等教育的關聯與做法，並列舉日本地方創生案例，得提供大學教育人才素養培育重要之參考。

一、日本地方創生於高等教育之作法

教育部推動大學責任曾以「借鏡國際 日本地方創生及跨國實踐的人才培育行動」作為標題，且多次提到實踐大學社會責任推動應借鏡日本地方創生經驗，主要是「地方創生」此一漢詞本來就源於日本，日本早臺灣數年啟動，雖然本意是人口移動和經濟上的策略，但亦影響教育。

(一)地方創生開端

2012年，日本政府開始啟動「地方創生」，於官方網站所採用之英語翻譯為regional revitalization，就字面翻譯就是「區域振興」擬振興國家各區域地方的政治策略。

日本政府為了推動地方創生，將其定位為國家戰略層級的政策，於2014年制定《城鎮・人・工作創生法（まち・ひと・しごと創生法）》（2014年第136號法），可以得知地方創生期待城鎮地方的發展，而城鎮發展和「人」與在地的工作有關聯；該法規對目的、基本理念、國家職責、地方共共團體職責、產業、國民的努力皆有所指示。人需要受教育以培養能力，得以在地方工作發展；地方需要受過教育且學習過相關

可以改造地方的人來對地方行改變的可能性。為了讓相關地方創生有具體可行的方向；到了2015年日本政府又制定「城鎮、人、工作創生基本方針2015」（以下簡稱基本方針），於同年（2015年）12月，中央教育審議會則提出「面對新時代教育與實現地方創生學校與地域之合作的方策及今後發展執行方法策略」（文部科學省中央教育審議會，2015），此方策與執行方法的策略重要的方針就是加強地方大學基礎計畫振興地方大學，讓大學在地方振興上發揮重要功能，為了創造新的「人」向地方流動。

　　日本在推動地方創生之初，政府將預算挹注於讓地方政府擬出政策規劃，其規劃可與地方政府原本的中長期計畫相輔相成，擬出一份中央政策框架相符合的地方創生規劃。舉某一縣市的計畫案例，例如，日本政府針對茨城縣政府茨城縣的「構造改革特別區域計畫：筑波　東海　日立知性特區」（構造改革特別区域計画：つくば　東海　日立知的特区）計畫，雖然原是2003年就開始的計畫，在既有的地區規劃上形成地方創生計畫，連結茨城縣境內三地區為三角地帶，由此三角據點向外擴散至以建設全縣為「知識」區的構造改革；此三據點主要是：(1)國立筑波大學所在地「筑波」，被稱為是世界性官民科學技術機關集積地；(2)茨城縣內「東海」地區為日本原子科學研究據點；(3)「日立」地區則是企業電機產業基地，也是國立茨城大學工學部所在處，也就是說，地方計畫將縣規劃出一個三角區域，三角的點是高等教育大學與企業，由點與點形成連結，亦由點向外擴展發展，在此結構中，為推動計畫設置「知識特區推廣委員會」由官民研究機關、企業以及高等教育大學所組成，策定了「知識特區推廣課程」，包括支援外國研究者研究，顯示外國研究者也可增加地方流動人口，是地方增加人口計畫的一部分，亦可謂為知識科技與教育造城方案。由此可以知道，地方創生主要還是國家層級政策，由政府的規劃企圖發展首都圈外的地方，讓地方也能吸引人

口移住。

　　地方政府也必須提出政策舉措。接續上段案例，以茨城縣縣轄市規劃的筑波市為例，該市原就因為於茨城縣南部的筑波大學、筑波技術大學以及其他研究機構所在而定位於研究學園都市，1999年11月筑波市學園計畫，便由茨城縣、筑波市、筑波大學提出計畫，由內閣總理大臣列為筑波國際戰略總合特區，由於日本全國有三分之一之國家等級研究機構及民間研究機構皆設於此，根據2014年筑波市政府網站公布之地方創生計畫（2014），為「筑波環境樣式SMILe以眾人之智慧與技術展開笑顏的街」（つくば環境スタイル"ＳＭＩＬｅ"～みんなの知恵とテクノロジーで笑顔になる街～）計畫，是筑波市府強調活用大學、地方企業等知識，內容朝自然環境和都市環境調和之「田園都市」進步而努力的目標所訂定之計畫。此計畫契機乃因2005年筑波通往東京快速列車開通後，沿線新興城鎮隨之興起，提出發展成筑波特有之環境型態與風格，強調創設眾人之智慧與技術形成能令人保持笑顏的城鎮，以低碳社會為主題，建設智慧社區、生態生活、交通運輸、創新技術尖端技術、學與教環境教育等要素，由公民、公司、大學研究機構以及政府都能在筑波全市共同合作，實踐以S（Smart community）、M（Mobility Traffic）、I（Innovation and Technology）和Le（Learning and Education）的SMILe四種集成方法，透過加強環境教育來開發負責未來低碳社會的人力資源，實踐能讓兒童和所有年齡階段的人生活在此都會感受幸福快樂保持微笑的地方。

　　由此可知，地方創生在「地方」，縣市政府和大學研究機構、公司（提供工作的單位）、公民等，要能在可教與學的教育環境，全市共同合作以實踐提升良好生活品質的社會。

(二)大學為地方知識據點

　　2015年4月推出之「地（知）區域知識據點大學地方創生推廣事業（大學COC+）」推廣計畫，各地方被選定的大學作為地方創生的據點以推展地方創生計畫，這些計畫被形塑為「以社區為中心的大學促進區域復興計劃」。茨城縣茨城大學之大學部分在地方創生的努力，位於茨城縣北邊的茨城大學的教育理念與目標定位於為區域之教育、研究、藝術、文化、產業振興的創新大學；在教學實踐的課程上，設計開發「茨城學」必修課程，學生透過對茨城縣之自然、地理、歷史、文化與在地產業的深刻認識，學習多方面思考茨城未來面對的課題與培養解決這些問題的基本能力；課程內容包含認識以農業為特色的茨城縣，以及以食為業的農業現場環境介紹與體驗、地方企業與產業作業的理解與見習參觀等。在地方合作（地域連携）網頁內容的資訊，大學教職員工還有學生的委員會利用茨城縣北部文化美術研究所、宇宙科學教育研究中心和合宿研修中心展開活動以促進具體計劃，例如，設計地理位置、培訓當地嚮導、創建資料和建立訪客中心（2020年7月2日搜尋）。

　　2015年6月的「城鎮‧人‧工作創生基本方針2015」、2015年6月文部科學省「國立大學經營力戰略」，以創造新的「人」向地方流動為目標，重點在於振興地方大學，加強地方大學基礎計畫。根據「大學於地方創生的任務（地方創生における大学の役割」）之文教科学委員会調查室的報告，提到大學在地方創生的功能主要在於地‧知（中村高昭，2015）。日語「地」與「知」同音，表示高等教育在政府推動地方創生的任務在於知識的建構，研究開發屬於地方的知識，因地方知識適合由地方大學與地方產業知識進行整合。也就是說，日本大學力量視為國力，認定大學對地方發展本也具有重要的功能。

(三)高等教育責任

2015年文部科學省補助金交付資料，內容載明日本國立大學依規模機能分為三類，即對國立大學運營補助金方面分成三類，第一類為地方貢獻型、第二類則為專門分野，乃根據專業類群能向全國教育推進的國立大學，第三類為世界頂尖型，是與世界排名頂尖大學並列，能促進教育卓越績效的大學（宮町良広，2017）。這表示大學應該依據學校的規模定位，可以對地方創生發揮不一樣的功能，培養不一樣的人才，培育具備不同核心能力的學生。對於高等教育，文部科學省確立各大學的機能任務並決定運營補助分配機制，大學機能定位大學規模不同其機能任務亦應不同，地方創生應積極賦予地方學校執行的功能，共同為地方發展而努力。其實，日本於進入二十一世紀時開始有國立大學法人化政策的催生，當時就有討論大學社會責任相關文章的出現。2005年1月，日本中央教育審議會報告（2005）「高等教育的未來樣貌（我が国の高等教育の将来像）」提出中長程被想定的高等教育是應對地方社會、經濟社會、國際社會發展予以貢獻的責任；且大學教育應引導學生培養奉獻社會精神，大學能夠提供教育資源、活絡地方。

在2016年1月提出「次世代學校地方創生計畫」稱「馳計畫（創生計畫）」（次世代の学校　地域創生プラン馳プラン），把地方創生的重點也放在與義務教育連結，內容以朝地方和學校合作、學校組織運營、教員制度三方向改革，充實大學培育人才、教職科目與學校實習制度等法規之修訂，以法規維護師資培育以及職業體系的培訓指標建立。

2017年5月舉行地方大學的振興及年輕者雇用學者會議（地方大学の振興及び若者雇用等に関する有識者会議）「支柱地方創生大學改革中間報告」（地方創生に資する大学改革に向けた中間報告）提出大

第五章 借鏡日本——地方創生與高等教育

學改革方向性具體建議，認為同一個縣內需要多樣性的升學需要，特別是在領域與分野上對於「特色」的配慮應予以考量。同年6月，在日本學術者會議提言討論由學術振興基盤形成的觀點論國立大學的教育改革研究和國家支援，建議教育施策的動向朝大學教育質與量兩面的充實努力。

雖然根據文教科學委員会調查室的報告（中村高昭，2015），提到大學在地方創生的功能主要在於「地（知）」，在地大學的機構性功能，屬於地方的知識，適用於地方產業知識的彙整。但前述提到日本地方大學（大分大學）宮町良廣經濟學部教授的分析著眼於促進地方大學發展的內容，他認為有必要區分當地的公立大學和國立大學，地區大學呼籲其特色，讓改革和重組應持續進行（宮町良廣，2017）。顯示研究型大學將發揮機能以尖端研究成果貢獻社會；而區域內的地方大學則能呈現在地特色為地方貢獻。

由上述案例可知，日本為發展地方在行政政策面，透過《城鎮‧人與工作創生法》（2014年第136號法）之行政法規訂定釐清地方創生推動的展望、策略與方針；所列舉之茨城縣地方創生計畫不但連結地方政府、大學與企業、也連結了大學、企業與另一所大學，高等教育是重要的區域知識據點，地方創生透過地方科技、工學發達的DNA特性，即該學校原有的特性，形塑成為能透過結合知識與智慧資源地區，是一個可以發展新創生態系統，融合人工智慧、生命科學、環境與技術，促進地方發展的提案；大學依循原有基礎發展特色，與地方政府合作，機動調整地方原有之中長程計畫，決定如何合作規劃讓地方政府原本施政藍圖符合中央政策框架。因此，大學本身的特性非常重要，該大學設有的學院、學系其能提供的專業特質，和地方的需求或發展要能有關聯，地方DNA的特質也提供大學端是否得以在地方創生找到可以發展的可能性。

大學具有人才育成、知識交流與資訊的基礎，在推動地方創生時被

寄予期待，大學朝發展特色、支持社會持續學習與培育解決地方問題之人才之教與學之品質保證而創新改革。在此，值得深思的是地方創生是一種國家型的策（戰）略，政府應先有規劃的藍圖建設地方，各地基於交通、城鄉特色，必須保持暢通由上到下、由下而上的官民共同有目標的合作機制，都是為了提升各地人民的生活水平為目標。

日本地方創生是攸關政府、地方政府、區域地方的學校，從地方的家庭、義務教育到大學高等教育，與城鎮、人、工作甚至區域人民的生活品質有關的理想，區要靠中央政府、地方政府，學校共同努力行動的合作計畫。其中，研究探討中，列舉日本地方創生計畫例，日本將一縣（茨城縣）境內之國立大學各個特色不同，有的大學（筑波大學）是綜合型大學，以教育、環境科學與體育科學領域著名，被列第三類世界級水準教育研究大學；有的大學（筑波技術大學）原是視聽障學校，現為全國唯一以視聽障者為對象之國立大學，被列第二類特定專門類群大學；而也有大學（茨城大學）位於縣政府所在地，以理工農為特色，被列為第一類的地方貢獻型大學；同一縣市不同位置的大學，皆依機能定位為「地方創生」而努力、貢獻。

事實上，臺灣的大學也有分類，研究型、教學型，一般大學、科技大學，對國家政策推動地方創生是否能在機能上明顯定位仍值得探究。本書者將選取之個案某大學定位於地方大學，擬探究該當大學如何在「地方」性上實踐教育機能，為培育人才而貢獻。

二、日本地方創生案例

根據日本「地方自治商業」網站中列出所謂成功案例有下列幾案，日本北海道小樽市清酒事業、青森縣田舍館村稻田藝術、滋賀縣長濱市

黑壁廣場。以下加以說明，能借鏡理解大學教師參與地方創生社會責任計畫之可行範示。

(一)日本北海道小樽市清酒事業

自臺灣推出地方創生計畫以來，距離日本東京都非常遙遠的日本北海道地區之地方創生成功案例在臺灣也多被介紹。小樽市是港口都市，北向日本海，東邊緊鄰道廳札幌市，發展得早，市區內百年傳統建築多，是體驗北海道風情的觀光地。在此指的是以北海道出產的清酒和食品為起點，清酒製造業為核心，再結合溫泉觀光、北海道IT推進協會的IT企業、出租車企業、日本國立小樽商科大學、金融資料館（日本銀行小樽分行）等企業、學校發展出標榜以能夠「連結地域、世界連結日本的國際交流手形清酒」地方創生案。

(二)青森縣田舍館村稻田藝術

稻田藝術近年在臺灣各地都有辦理，例如雲林藝術彩繪的稻田、關渡彩繪水稻地景藝術等。青森的田舍館村早在1993年就開始用3色稻製作稻田畫布，現在改採七色米並將技術逐年提升，精細程度和藝術品質稻受到關注，稻穀顏色會因季節而異，運用原來存在且不花錢的東西，被說是讓一個人口約8000人的村莊，現在則是每年有20萬人造訪（自治体ビジネスドットコム，2019），此外，也配合其他農業的旅遊體驗活動辦理。

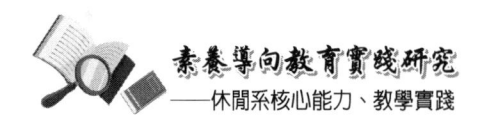

(三)滋賀縣長濱市黑壁廣場

此例子比較像是臺灣老街的觀光經營。利用日本江戶時代到明治初期建造的建築，以黑牆老房子古老的建築物造景，結合玻璃工藝體驗、玻璃商店、畫廊、咖啡廳、形成一個適合休閒觀光旅遊的城鎮。值得一提的是滋賀縣另有琵琶湖景、忍者故鄉等，是可以透過城鎮原有的特色形塑地方。

根據上述「地方自治商業」網站中所列日本成功案例，若談及地方創生之啟示、地方創生基礎或論休閒與觀光旅遊到底能為地方創生帶來什麼？研究者認為，地方創生的意義是因為地方經濟發展能讓人們生活更為「活躍」消費行為改善、地方稅收增多則才有財力建設，居民的居住環境便可能改善。

為了要發展與推動地方創生，首先，是地方魅力的盤點，例如小樽的港口和古老建築、地方清酒製造；田舍館村的種稻文化；滋賀縣古老建築和工藝。然後，為了要吸引大量的遊客即有必要發展基礎設施，也因此提升了當地居民生活便利性；遊客量的增加能，例如住宿、餐廳、遊樂設施增多也會創造工作場所和工作機會。最重要的是，能重新發現生活在「自然」中的魅力對生活在當地的人是重要的，透過因觀光旅遊受到外來者的關注，外人看待「家鄉」的眼光也不同，這會使地方居民有感到自豪有自信心，吸引年輕人返鄉，而同時會透過人與人、經濟能力和思想交流而產生各種提升生活品質的方式，工藝體驗、田間生活體驗、賞畫觀景、飲酒、泡溫泉等新的點子，讓各種休閒產業發產的各種可能性擴大。

臺灣教育部的大學社會責任計畫其目的在於有效鼓勵大學主動積極連結區域學校資源，協助城鄉教育發展，提升大學對區域及在地貢獻，

計畫推動策略是期待：(1)引動師生參與創新；(2)強化區域產學鏈結；(3)促進區域資源整合；(4)活絡在地交流網絡；(5)走向國際擴大視野。其中，就教師本身就能夠發揮的部分應該是「引動師生參與創新」，藉著活絡在地交流，整合建立區域的資源知識。

　　日本官方研究員細野光章（2014）曾提出，大學對社會要有貢獻，社會具有多重意義，是法人組織的大學、還是內部組織學部／科（學系／研究所）、還是所屬的大學教職員、大學生、研究生，不同的立場與階層，對於大學社會貢獻的想法也不同。枝川明敬（2016b）的文章提到對應地方創生計畫有必要培養對當地社區的依戀，在傳統和創造力的支持下充分利用社區的生活方式。陳志仁（2018）以借鏡日本地方創生發展經驗為題，介紹了日本發展地方願景的案例，在地方人才養成教育方面則提到日本櫪木縣宇都宮大學設置地域設計科學學程、高知縣立大學地方安排實習課程、長崎縣老齡在宅照護人才培育的實例。可知地方大學學系所培育出不同專業的人才可以為地方提供發展的願景，而地方的文化、歷史與產物和生態條件，亦可能提供在地地方大學學生學到屬於地方特有的知識與不同的學習機會。

　　時代的變遷大學新興各類學系，休閒學系也是在近三十年才在大學設立。大學以高教評鑑為品保監督機制，以獎勵性經費品質改進計畫引導大學依循政府政策爭取競爭性經費補助，大學爭取計畫經費補助提升辦學績效成果。教育的本質本為提升學生素養，強化學生能力，各校院系以訂定適切務實教育目標與核心能力。近年的政策，大學社會責任計畫其鼓勵大學主動積極連結區域學校資源，引動師生參與創新、強化區域產學鏈結、活絡在地交流網絡。由先起動地方創生的日本，得知大學在地方創生得以展現的功能，不同規模和專業的學校各司其職；以一縣規劃的案例式的探討，得知地方政府規劃、地方產業、大學共同連結又能各自發揮其價值，地方創生才可能發展，大學可以為據點，是地知

的據點，發揮教育實踐功能成為連結產官學，人‧工作‧城鎮發展的核心。臺灣自推出地方創生計畫以來，日本各地的案例、教育現場和大學教師著力的方式多有引以為借鏡、啟示與參考，從日本北海道小樽市清酒事業的案例可以知道地方發展仰賴產商，需要產官學界的合作整合與推廣，青森的田舍館村的案例需要農業專業與藝術專業的合作，透過鄉村景觀發展帶動地方人口流動，大學專業的特色可能能對在地起作用。本書以後段第十二章起所討論之個案學校休閒專業學習，相信與大學對在地是有所關聯的。因為，休閒系的發展本可提供無論是都會或鄉村的休閒模式，培養休閒產品商業的推廣，而休閒系也是配合國家政策與人才培育需求，調整學系經營與教學內容。

第六章
休閒教育相關研究

- 課程
- 實務學習

休閒被稱為是運用自由支配時間、自主選擇喜愛活動與達到身心放鬆滿足的意義層面。高等教育設立休閒相關科系，設立學生學習課程和確立學生未來就業的實習經驗學習。本章主要針對大學休閒系學生學習關聯之課程與實務學習文獻查詢檢討，可以瞭解目前以國內為主之研究者對休閒系課程推動與研究的價值觀。

一、休閒課程

國內各校教師、研究者於休閒系在臺創系初期，開始有針對休閒課程之相關研究報告。

課程相關之研究，黃宗誠、李泳龍等（2010）分析國內30所大學休閒相關學系課程結構分為學生就業能力、學生專業知識、學系特色定位三面向，是否開設休閒語文類、遊憩法規類、遊憩體驗與效益類、休閒證照類課程對評鑑等級具有相當程度之影響範圍。而國外研究Clark & Anderson（2011）檢查確認休閒教育休閒技能課程對大學生發展的作用，認為課程提供嘗試新事物、降低成本、健康益處、社會化和學分需求，學生被激勵參加課程，藉課程學習學生有機會成為全面發展的學生和未來的專業人士。

此外，莊翔達、蕭富鴻、林雲燦（2017）以「臺灣大專院校休閒系所課程規劃之研究」為題，文獻探討與專家學者訪談，以問卷方式、層級分析法的權重計算搭配決策實驗室分析法之因果關係找出有效課程規劃方案，期降低學用落差；研究結果學界專家認為活動規劃與設計最重要，其次為休閒產業專業知識，而業界專家認為實習最重要、活動規劃與設計其次；由此可知，無論學界或業界的共同看法活動規劃基本上在休閒系課程上是重要的，此外，資訊能力皆不被專家們所重視；管理

學基礎學界與業界專家透過問卷皆認為顧客關係管理最為重要、消費者行為次之，統計學排名最後，其中消費者行為從心理層面瞭解消費者狀態，在客製化商品滿足的趨勢下應先瞭解消費者個別需求，再開創專案符合消費者需求。

林希軒（2020）教學實踐研究，以導入產學專案創業課程探究學生學習與課程成效評估的研究中，採教師與創業家共教共學，學生參與企業實際運營與專案提出解決方案的課程設計，認為可以提升學生自效能與創業態度之創業技能，並表示自我效能及創業態度較高的學生同時呈現較高的自行創業意願。

二、實務學習

謝智謀、吳崇祺、謝宜蓉（2007）透過國立體育學院選修通識教育中休閒教育課程之27位學生為研究對象，以量化統計方式分析課程實施成效，發現學生在人際溝通、生活效能與主觀幸福感上有增進；其中，人際溝通包含溝通表達、語言反應、關係建立、社交應對、同理溝通、開放溝通、溝通效果八個能力面向；生活效能包括時間管理、社交能力、成就動機、智能靈活、工作領導力、情緒控制、主動積極性、自信心、控制觀等九個面向；幸福感則分為整體生活滿意與正向、負向情感三面向，課程內容前段界定休閒和休閒生活型態、定義戶外休閒、休閒阻礙，休閒的自我知覺、自我決定，生活行帶計畫行動方案，後段課程則溯溪、赴墾丁參與建造竹筏、生態解說、風箏、浮潛與登山活動。

胡夢蕾（2008）以「我國技專院校餐旅管理科系學生人格特質，創業環境與創業態度之研究」為題，故是以餐旅學系學生為研究對象的研究，採量化問卷、因素分析，其結果於《餐旅暨家政學刊》發表，指出

創業課程內容在餐飲方面應包含一般餐飲管理知識與技能，餐廳設計與規劃、消費者心理學、行銷及經濟學。由於臺灣休閒系也以餐飲命名系名，其結果亦值得休閒系學生學習相關研究參考。

黃資婷（2014）在《體驗式教學對休閒農場專業課程之學生學習影響》為題之在職班碩士論文，以國立高雄餐旅大學休閒暨遊憩管理系學生23位選修課程之學生與為選修課程之學生32名，共計55為。兩組學生對休閒農場專業課程對於休閒農場認知無顯著差異，學生在參與體驗式教學後對休閒農場產業認知在社會地位與未來承諾部分有顯著影響，有選修課程之學生在參與體驗式教學後對未來從事休閒農業的意願較低；為選修學生在參與體驗式教學後對於社會地位、服務心態、個人滿足與價值及未來承諾部分認知有明顯提升。

有研究者建議臺灣休閒學系可採認證制，以兼顧休閒系教育品質。楊峰州、楊智龍、羅律淳（2014）在一篇以〈比較美國與臺灣休閒相關學系之評鑑〉為題之文中，舉出美國公園、休閒、旅遊及相關專業認證學會（Council for higher Education Accreditation, COAPR）發展及評鑑調整休閒系評鑑過程，認為美國在二十世紀因時代快速進步與社會的變遷，大學面臨整合資源、順應時代潮流而開設休閒相關學系（許振家，2004），此認證標準值得臺灣參照學習。因為，美國在1930年-1990年休閒系快速成長後也隨即遞減，換言之，學系的存續猶如生命週期圖，在經營學系的同時需思考社會趨勢。

在休閒系的學習範疇與人才培育上，楊峰州、楊智龍、羅律淳（2014）認為，休閒學系應融合觀光、老人、健康、休閒治療、公園管理及餐飲服務，進行轉型經營培養全方位人才。休閒與觀光、戶外活動被列為具有類似的學習領域是一般人習慣的分類方式。

國外的相關研究文獻提到，Roberts & Tribe（2008）描述遊客為受過良好教育、環保、品味和消費模式成熟且尋求真實和專業體驗

者。Baum（2002）提到待客需要的能力是技術（technical）、通用（generic）和美學（aesthetics）。服務客戶同理心、自信、無私、社會協作、情境意識、環境審美及適應性（Wilder et al., 2014; Tesone & Ricci, 2009）。進入二十一世紀，由消費者、遊客的角度探究其特徵與需求，現今的休閒餐旅教育，結合環保概念和提升生活美感和品質的體驗，是休閒系在課程學習中也需要重視的學習內涵。

另一方面，澳洲多人共同發表的研究也認為休閒研究變得多樣化，側重於休閒、體育、旅遊和活動等休閒元素，以及管理和健康等領域（Tower et al., 2018）。從休閒體育活動到健康管理是近幾年開始轉換的休閒活動概念，換言之，休閒的課程應該不再是運動、活動體驗，應該重視人類生理、心理發展等學科，以此學科為基礎才能建構與設計更適合人類發展的休閒活動樣態。

Dixon & Jovanovska（2022）認為休閒和酒店業對於風景優美的農村地區經濟至關重要，研究愛達荷州中北部休閒和酒店經營實體間的共同能力，遊客滿意度取決於服務，因此服務體驗培訓課程非常重要，流程與客戶關係間的職責、任務、一般知識技能與態度，並應考量趨勢和問題，例如為疾病爆發等因素做好準備。

由此看來，休閒學習的領域可能包括觀光旅遊、某年齡層對象的活動、健康、環境、飲食；服務業型態工作的經營管理素養，學習範疇有些廣而雜，也因此在學系人才培育上應該會有難以聚焦於一種確切需要的知識或技能。實際的場域選擇且以實際的工作，可能可以讓學生先聚焦於學習某一種休閒型態的工作職場。

實習相關的研究，黃彥翔、王克武（2015）提到實習制度讓學生可以早日融入未來的工作環境，瞭解自己、探索運動產業經營本質，以國內運動休閒管理相關科系學生494份問卷調查結果，以線性結構方程式驗證實習體驗對職業承諾與未來從事專長運動的影響情形。職業承諾

例如「我計畫繼續往休閒運動產業發展」、「從事休閒運動產業有關的工作對我而言很重要」等，實習體驗的觀察變項包括工作參與、組織承諾、參與目的、個人重要、團隊凝聚、良好指導、非常重要；最後的結果，實習體驗對職業承諾具有顯著的預測效果，但實習體驗對從事專長工作並沒有顯著影響；職業承諾對未來從事專長工作意願存證項顯著影響且之間高度相關，此研究者針對研究結果所提出的建議，基本上肯定實習體驗的功能，對學生、對企業組織培訓未來專業人才，認為可以省去新人職業訓練的流程與開銷，企業應重視實習對組織帶來之效益，妥善規劃實習內容。

陳郁雯、吳禎殷、簡君倫等人（2020）探討臺灣觀光餐旅產業實習生的主動性人格特質與就業力間關係，以實習成效作為中介變項，驗證實習成效在主動性人格與就業力間之中間效果，採取217份有效問卷的分析結果觀光餐旅產業實習生之實習成效對主動性人格特質與就業率具部分中介效果；實習生的自我效能在實習成效與就業力間不具調節作用，學生感受實習成效佳對就業力則相對提高，學生主動性人格對實習中溝通技巧、表達能力、顧客問題的解決能力有顯著正相關影響。主動性人格的學生會確認機會、採取行為、展現出主動的行為表現，發現問題、解決問題與承擔責任（Fuller & Matler, 2009）。

表6-1　國內針對休閒系學生課程與學習之相關研究

著者（年代）	類型	研究內容
黃宗誠、李泳龍等（2010）	課程	研究休閒相關學系課程結構，分為學生就業能力、學生專業知識、學系特色定位三面向。
莊翔達、蕭富鴻、林雲燦（2017）		休閒系所課程規劃，學界專家認為活動規劃與設計最重要，其次為休閒產業專業知識；業界專家認為實習最重要、活動規劃與設計其次。學界與業界均認為顧客關係管理最為重要、消費者行為次之。
林希軒（2020）		教師與創業家共教共學產學專案創業課程，學生參與企業實際運營與專案提出解決方案的課程，提升學生自效能與創業態度之創業技能與自行創業意願。

(續)表6-1　國內針對休閒系學生課程與學習之相關研究

著者（年代）	類型	研究內容
黃姿婷、蕭登元、梁榮達（2014）	實務學習	研究體驗式教學對休閒農場專業課程之學生學習影響，選修課程學生在參與體驗式教學後對社會地位、服務心態、個人滿足與價值及未來承諾部分認知有明顯提升。
楊峰州、楊智龍、羅律淳（2014）		休閒學系應融合觀光、老人、健康、休閒治療、公園管理及餐飲服務，進行轉型經營培養全方位人才。
黃彥翔、王克武（2015）		實習制度（益處）讓學生可以早日融入未來的工作環境，瞭解自己、探索運動產業經營本質
陳郁雯、吳禎殷、簡君倫等人（2020）		觀光餐旅產業實習生的主動性人格特質與就業力間關係。學生感受實習成效佳對就業力則相對提高，學生主動性人格對實習中溝通技巧、表達能力、顧客問題的解決能力有顯著正相關影響。

說明：摘自張瓊方（2023）。

　　藉由以上相關研究的研究探索，學界認為推動休閒教育應由課程角度切入，針對休閒事業經營與管理策略，認為配合休閒教育專業人才的培養，提升服務品質，讓民眾由休閒活動能獲得紓壓放鬆、愉悅、恢復與再創造的目的。得見休閒的學習有助於社會與民生生活，也能育成專業人才。課程必然需要不斷更新以符合社會需要，課程的設計以培養學生解決問題，面對未來社會的能力；休閒系學生能力能透過課程與實務學習而加強，研究結果建議在實務實踐的過程中學生，例如實習或需要做中學習的專題製作等課程，可以讓學生學習休閒的知識、技能，也同步呈現學生人格特質與就業力，休閒系學生是否具備工作計畫技術能力、態度勤惰、合作與人際關係與偶發事件處理等能力，是否應用於實習生活與合作學習的課程中。不過，研究多提及休閒學習的動機內涵，對於休閒學系應學與評鑑的建議，其中雖涉及實務學習學習成效之探究，但以學生為對象透過問卷調查方式進行學生學習的感知之分析。

　　此外，在此亦說明本書內容對大學休閒系素養導向教育之研究，將先檢討休閒系之課程發展，再透過對教育實踐歷程之課程實施之描述，

最後進行學生實習內容與實習表現的結果以分析休閒學習核心能力教育實踐與前述研究不同。特別是，針對實務實習，教師難於現場設計教學之窘境，採由學生報告文中探究學生實習實際的內容（工作項目），並將學生表現結果採以實習單位端的評分結果作為研究資料之研究分析方法與前述研究不同，亦為本著內容獨特之處。

第三篇

主題內容與方法技巧

第七章
主題內容——素養導向教育實踐研究

- 概念
- 研究分析架構

素養導向教育實踐研究
——休閒系核心能力、教學實踐

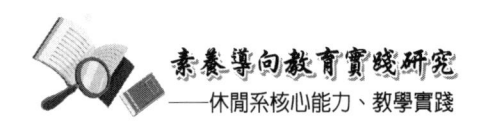

　　素養教育強調學生學習歷程並鼓勵學生在生活中實踐，由於前各章已說明臺灣大學的類型、學群，素養定義與核心能力關係，並闡述日本地方創生案例，一部分研究者教師針對休閒課程與實習的看法。本章主要說明作者為在地連結之素養導向教育研究之研究概念，亦為本書主題~素養導向教育實踐研究其構想之說明。

一、概念

(一)地方大學與學系專業

　　近年高校招生為大學永續經營之重要課題，依照數年前網路媒體傳述之「東倒西倒、南倒北倒、鄉村先倒、都會再倒」之順序，顯示學校地理位置也是很重要的資訊。

　　無論是大學發揮社會責任或是發展地方創生，均被視為社會發展的新轉機之情況下，認為大學辦學與教學都以達到社會責任為目標，教育辦學的績效會影響國家與社會的發展，大學的教學實踐透過取之地方與回饋地方，教學是學校與地方資源和行動力的交流。

　　如**圖7-1**，高等教育目的在於培養人才，每一所學校座落在不同的地方，例如有A、B、C三個地方，A大學在設在A地方、B大學在位於B地方，C地方有S大學，大學影響地方發展，每一所大學都透過教育實踐培養學生能力，然地方的生態也提供學習的資源，大學內部生態及所處的地理環境各有特色，A大學在A地方發揮辦學功能在A地方培養學生成就具備核心能力、B大學培育學生，某大學則在C地方透過教育培育學生核心能力。

第七章　主題內容——素養導向教育實踐研究

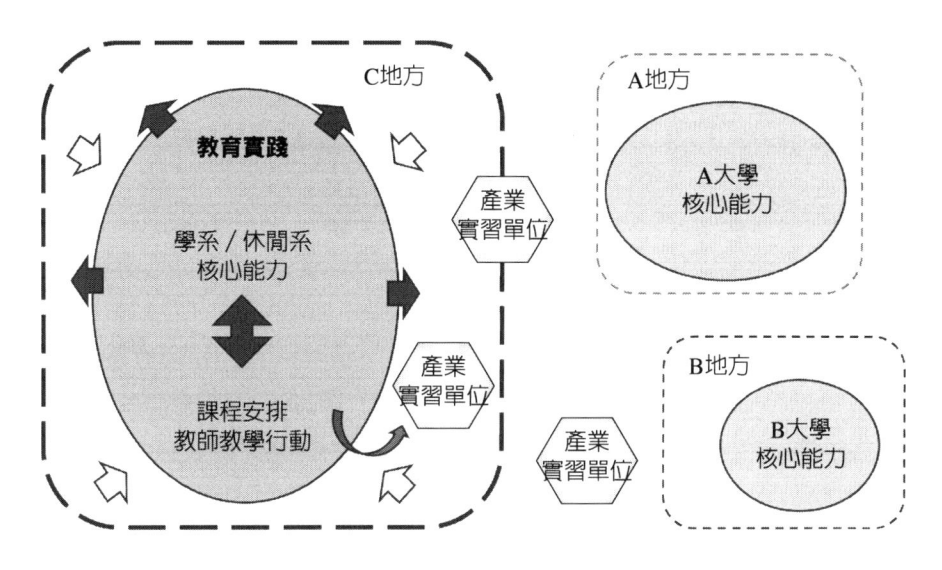

圖7-1　大學培育契合在地特質核心能力之學生

　　故本書在調查各校資訊時，特別將大學所在位置依照北部學校、中部學校、南部學校，而東北部、東部學校和臺灣外島金門、澎湖所在之學校併列為其他地方。然學習是必受到學習環境的影響，儘管近年網路訊息流通無遠弗屆，但素養是運用到生活的能力，學生在不同地理環境生活條件的刺激下需要專注或加強哪些能力將有不同領略。

　　由於休閒系設置於不同類型的大學，而休閒對人類有極大的意義，不僅是消磨時間、解脫與適應調節壓力，故本研究以休閒系為主題，本書研究的思考觀點是學生畢業後可能會進入各個與專業學習相關的產業工作，儘管這些產業可能在大學所在地，也可能大學所在地以外的地方，學生會在不同的產業工作發揮其能力與所長。由於休閒知能的培育可能提供愉悅的體驗往往能感受個人成長與自我實現，提升生活與活著的品質，大學生在學校學習的成果會職場表現出來，也引領不同地方的人口能認識休閒運用休閒時間參與遊憩活動。

(二)學校教育系統觀

如圖7-2，就系統研究方法的觀點，不同學校、學系著重代表不同特性的流程績效內在指標的發展，當學生入學（投入）後經歷一段規劃過的課程計畫學習過程，學校教學資源的提供，讓學生培育轉化到畢業（產出），然系統的元素互相倚賴相輔相成，學校所在的地理位置與學校的內部，包括理念與教育目標是一個環境系統，形成一緊密的整體。在此，任何一個系統都是有機的整體，學校是一個系統，學系也是一個系統，系統管理論任務在於瞭解系統的特點和規律，也就是說，每一所學校所置位置不同為致力發展合乎辦校目的與系統內人的需要，所以會有一定的穩定、層次、目的性和自組織性，但為因應社會趨勢與環境變化則可能偏向系統必須要有適應變遷的開放性甚至突變。

系統中的過程指學系教育中教與學，課程、教學與學生的學習，學習是「因經驗而獲得知識或使行為產生較為持久改變的歷程」（張春興，2004，p.110）；課程是配合教育目標經過審慎規劃編序的學習活動；老師為實踐這個課程而從事的哪些行動，核心素養為課程發展與設

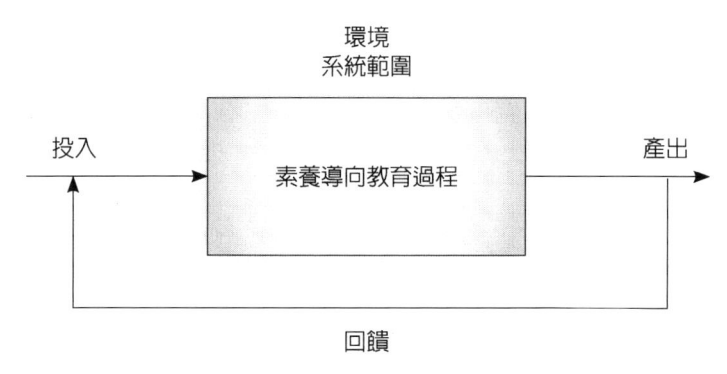

圖7-2　學校教育系統觀模式

計的DNA，在從能力本位到素養導向教育要讓學生能因應現在生活與未來世界，素養導向教育得與課程結合，充實終身發展累積內在的動態歷程。學系好的教育、學生好的表現則回饋至學系永續經營的可能性。

(三)學習課程

課程是培養學生核心能力的載體和路徑，決定學習的內容和方向。課程的學習與是系統中素養導向的過程，課程乃為一個事先計畫性的大主題項目，從規劃出課程計畫的科目，可以大致知道一個學系學生學習的架構。學系會訂定課程規劃表，表內明列課程名稱，由於透過課程名稱可以知道學系規劃的學生要學什麼的學習內容。

◆課程地圖

教育部對全校課程地圖定義為「學生大學四年之清晰修課學習路徑」（教育部，2007）。根據教育部大專校院就業職能平台，「課程地圖是各系所衡量學生學習成效及未來出路的教學設計，為同學未來的職涯發展規劃相關學習課程及活動，並讓同學在學習上更具方向感，並可增進學習動機及學習成效」。根據王嘉陵（2014）的說法，外界對大學課程的要求日益增多和大學課程與職業主義（vocationalism）結合，再加上大學透過課程地圖得尋求自身的教學定位等大學發展課程地圖，且認為課程地圖加上效、院系核心能力的設置，引導全校整體課程走向，使學校定位清楚有利招生。臺灣高等教育課程地圖的推動背景主要源於教育政策的執行，教育部顧問室於96-98學年度所發展的「以通識教育為核心之全校課程革新計劃」之子計畫二「全校課程地圖」（引自王嘉陵，2010，p.166）；在大學「教學卓越計畫」要求大學以課程地圖作為評鑑項目，臺灣的大學掀起各校系繪製課程地圖的現象。

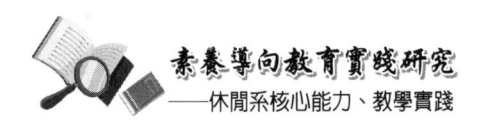

由於高等教育發展的課程地圖也結合大學生在學習上所需達到的核心能力連結職涯發展，以協助學生思考未來從事何種工作的修課方向。此外，一般來說課程有其結構性，基礎課程、核心課程與總整課程，學系系統會將課程學習的過程規劃其修課之先後順序安排在不同年級，總整課程通常是必修的整合性課程。

◆課程階層分類

如圖7-3學校的課程學習猶如建築物般，地基就是由基礎課程為奠基石，核心課程像是蓋房子的核心石，總整課程猶如合頂石是整合深化學生學習的最後階段。

大學的教育品質以學生學習的結果為判斷，課程影響學生學習，學系行政教育人員訂定之教育目標、學生核心能力等，均會在課程的科目，必修或選修的選列，教師授課在課程內容與教學、習方法上做出決定。為檢視大學學系素養導向教育，瞭解學系的學生學習，可由學系課程發展脈絡，並進而探究學系學生能力目標，與教師設計規劃的學習課程，教師群如何想方設法的以提升學生素質為導向的教與學策略。

總結性整合式課程稱為「總整課程（Capstone Course）」，是大學學習的總體驗，體檢學生學習成果的最佳工具。總整課程應該具備四項功能，首先具有整合（Integration）能促使學生綜整大學所學；其次，應該也是一種為大學學習進入收尾的階段，學系能夠檢視學生核心能力，從學生解決問題去看待學生學習的成果；然後，總整課程通常也是學生檢討自己學到什麼、哪些還不足的反思機會；最後，學生畢業可能升學或就業，總結課程連結大學畢業即畢業後生涯為未來做準備的過渡時期。

第七章　主題內容——素養導向教育實踐研究

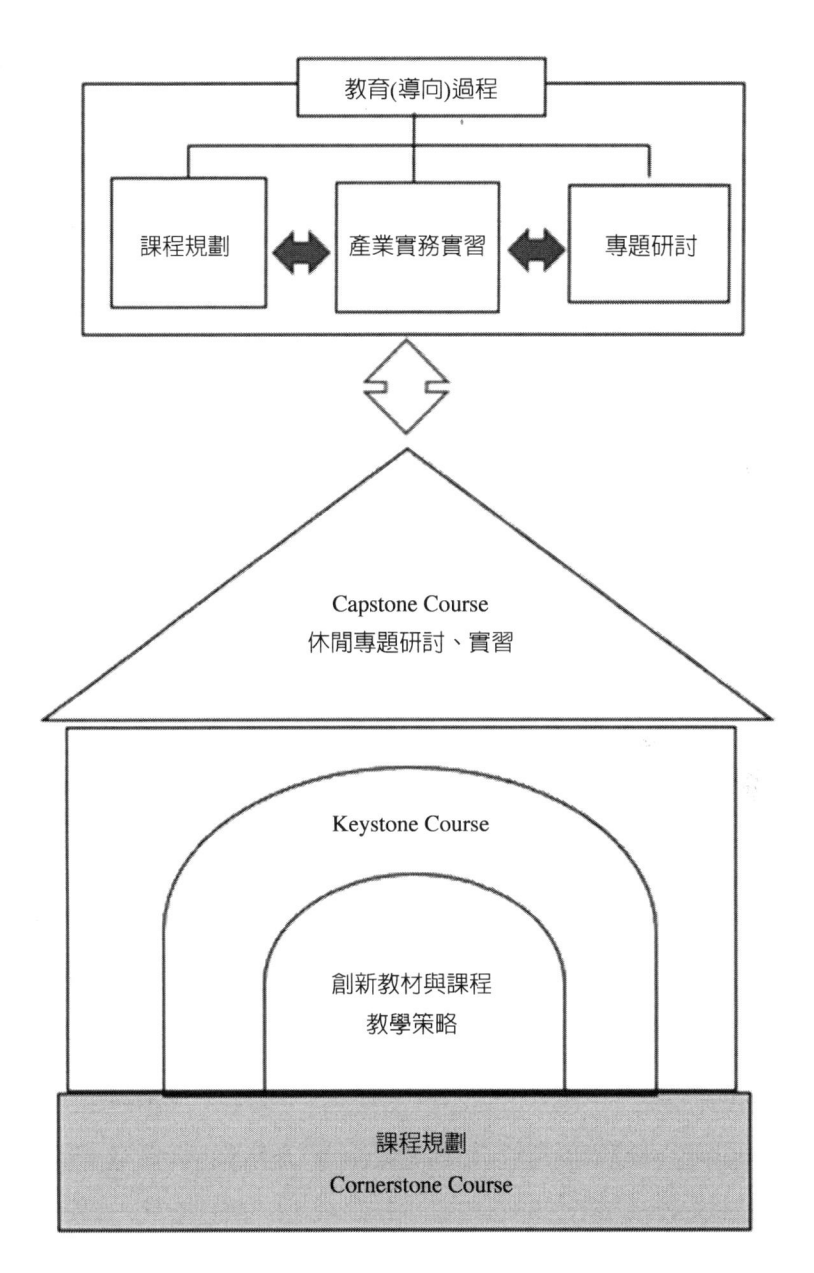

```
           ┌─────────────────┐
           │  教育(導向)過程  │
           └────────┬────────┘
    ┌───────────────┼───────────────┐
┌───┴────┐     ┌────┴─────┐    ┌────┴────┐
│課程規劃│ ⇔ │產業實務實習│ ⇔ │ 專題研討│
└────────┘     └──────────┘    └─────────┘
```

Capstone Course
休閒專題研討、實習

Keystone Course

創新教材與課程
教學策略

課程規劃
Cornerstone Course

地方／大學

圖7-3　研究架構

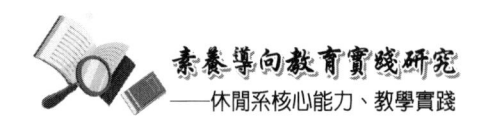

◆課程學習設計

課程理論的重要人物拉爾夫‧泰勒（Ralph W. Tyler, 1902-1994）在1949年出版的《課程與教學的基本原理》（*The Basic Principles of Curriculum and Instruction*）認明發展任何一種教學課程與計畫必須回答目標、實現經驗學習、有效組織、目標的實現。藉此原理的概念，也就是說Tyler（1949）的四個根本問題：

1. 學校應力求達到何種教育目標？
2. 如何選擇有助於實現這些教育目標的學習經驗？
3. 如何為有效的教學組織學習經驗？
4. 如何評估學習經驗的有效性？如何裁定確定這些目標正在被實現（引自黃炳煌譯）。

換言之，教師教學得以教師教學目標設定、教師構思安排學生學習經驗、教學組織設計課程、經驗有效性，即教學目標實踐。

◆時序性

檢討任何一個組織團體的發展和變遷，時序性（Time relationship）的檢討都有其功能。作者考量大學休閒系之建立在臺灣已有三十多年，各校休閒系設立也可能都有數十年的歷史，無論是社會環境的改變或是政府教育政策的配合，或是師資設備之調整，學系對於課程即學生學習的內容都將順應潮流或經營模式而改變，因此，考量時間歷程，本書在後段個案檢討時都採取了時間階段的劃分，主要以創系初期、變遷或調整、現況三個階段區分說明。

二、研究分析架構

本研究的兩個重點，一是素養培育（核心能力）；二是學校如何以教育的歷程實踐學生能具備這些能力。圖7-3是本研究核心能力分析的架構。核心能力是大學生之學識能力能執行特定專業任務。

據本書第三章針對素養定義之文獻檢討確定學界多數教育者所稱之「素養」即「核心能力」，是執行特定專業任務所需的知識、技能、能力和屬性的組合。研究設計便分成幾個層次討論，首先，以臺灣休閒專業人才培育開端，分析休閒系核心能力；其次參照圖7-4，以個案學校核心能力訂定結果，試圖以教育目標和休閒系課程做脈絡性分析；最後，則列舉個案學校、學系教與學的內容分析說明其教育實踐歷程與結果。

由於校級理念與教育目標對學校而言是定位及發展方向指引，對系而言之擬訂中長程發展計劃、訂定學生核心能力、課程規劃、安排師資的方向依據。同一所屬學院是同性質學系之集合體，學院有統籌全院運作之責，系之教育目標相互呼應學院教育目標。基於學生核心訂定原則考量學生素質及系所培育的能量，利學生畢業後能學以致用，評鑑指標（101-105年第二週期系所評鑑）內容原就設定學系檢討課程規劃與設計機制與結果應依據核心能力進行；教育目標調整可能牽動核心能力，如有修訂則核心內容須配合調整。

根據財團法人高等教育評鑑中心基金會（2021）公布「評鑑觀察-學生核心能力訂定」提到須依據學生核心能力開設課程，且學生核心能力既定為核心，對應開設的課程宜包含必修課程。

專業能力取向之課程規劃，即能力取向課程規劃。大學課程包括必修、選修或選修模組織規劃，課程地圖顯示學生修課之路徑。課程須透

過教師教學的設計而執行，教師教學設計也受社會趨勢和政策而調整內容教師課程設計亦依照課程屬性，基礎、核心、總整之課程性質等學生學習歷程採以教學策略呼應課題。

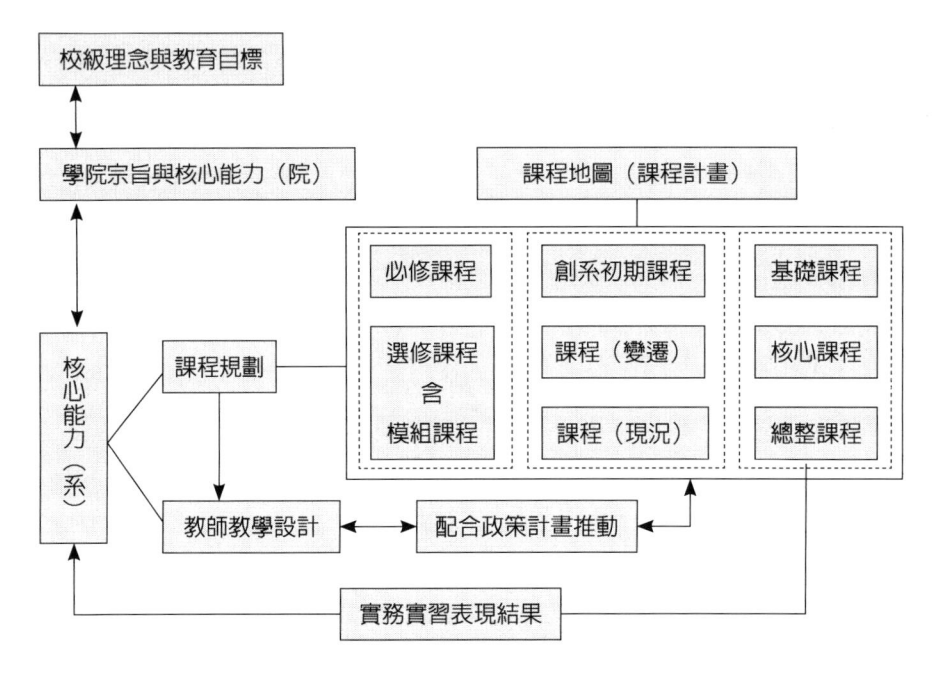

圖7-4　作為本研究分析之架構圖

第八章
養導向教育實踐之研究方法技巧

- 核心能力
- 課程
- 教學實踐
- 核心能力培育成果

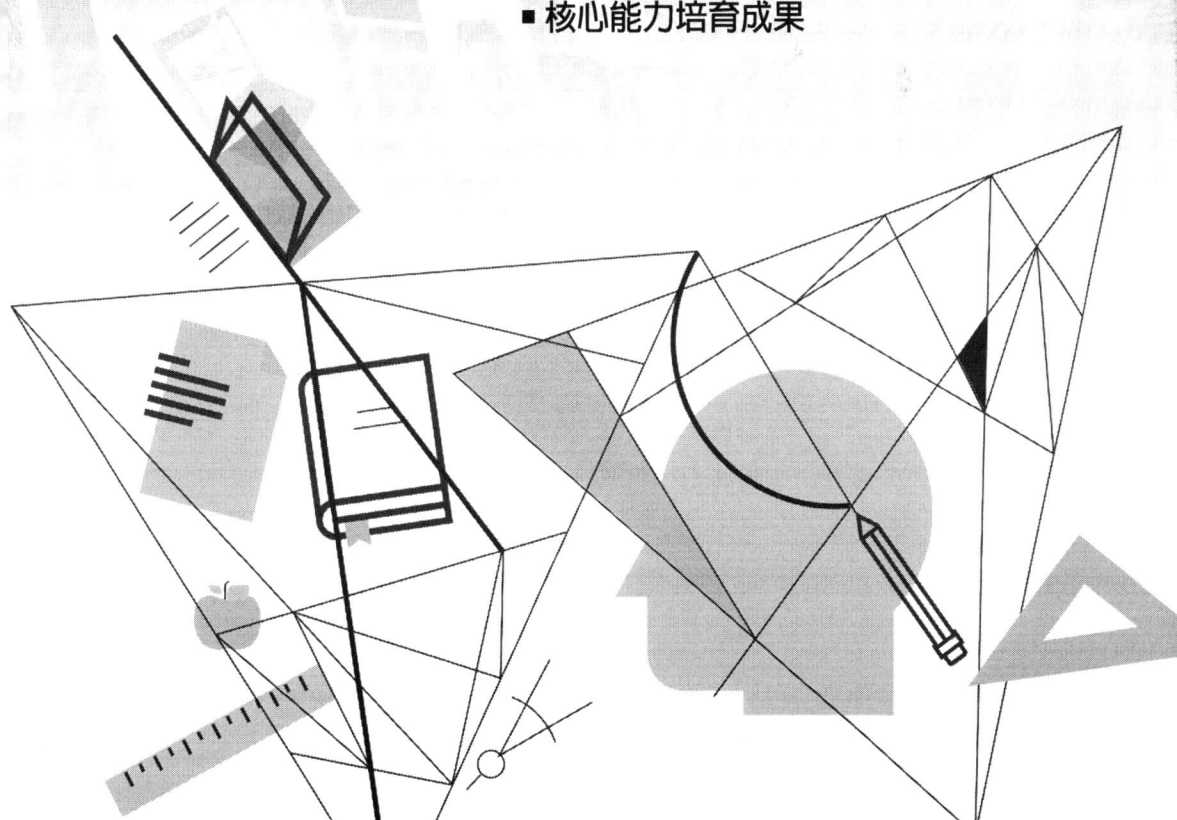

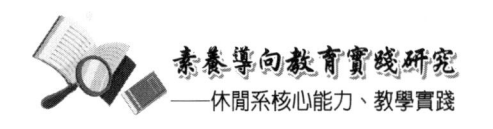

第三章即提到素養導向教育即為培養學生帶著走的能力，即為核心能力培育。故接續前章，本章主要說明以休閒系為例，如何研究核心能力之方法，並說明本書選取分析之個案，其選擇該學該系之原因與意義。

一、核心能力

本研究的兩個重點，一是大學休閒系的核心能力；二是學校如何以教育的歷程實踐學生能具備這些能力。

採取文獻考察之方法，透過休閒相關期刊論文，各大學休閒系網頁校史文、學系首頁相關網文，彙整臺灣休閒關聯學系的創設時間和學系發展背景。

為初步瞭解臺灣各校休閒相關學系之學生核心能力訂定結果，本研究由大專校院校務資訊公開平臺所公布之「遊憩、運動和休閒管理細學類」所列休閒學系（科）學校，進入各校網站查詢休閒系所屬學院並列出學院名稱，在進入學系網站由網上資料中查詢該系所訂定之學生核心能力。根據學校所在地將休閒系學校分為北部學校、中部學校、南部學校，而東北部、東部學校和臺灣外島金門、澎湖所在之學校併列為其他。

由於以休閒為名之學校數多，可能包含運動、觀光、保健等綜合性屬性，考量系名如與學生核心能力的關聯性，例如休閒運動學系則學生核心能力就應包含運動能力，故本研究僅選去系名稱為休閒產業、休閒事業之學校學系。依照國立學校、私立大學、技職體系列出（參照第十章）。

本研究主題與區域地方性關聯，故將學系名稱僅為休閒產業、休閒

事業之休閒系選出，再依照北部、中部、南部、東部學校，並再次整理各校所列核心能力。

國立大學會標註國立，大學名稱則採原校名英語名稱之第一發音字母為主，例如國立高雄師範大學，則以國立K大學略稱之，而一般私立大學則不會另行標示私立；科技大學則會標出科技大學，例如高雄科技大學則以K科技大學略稱之。如果僅標示第個字母之學校會和其他學校重複，則會再採取該校簡稱之二個字母，例如國立體育大學英文校名為National Taiwan Sport University，再本研究則以國立TS大學略稱之，避免與國立臺東大學之略稱「國立T大學」重複。

針對素養導向教育（核心能力培育）之研究設計，擬透過對臺灣大學的休閒系發展之理解，再搜尋資料分析各校休閒系核心能力訂定之結果，並進行各校校地位置之分類，以瞭解臺灣北中南東各區域學校休閒系是否有地域性特性。

個案選擇

其次，針對選取個案學校休閒系的核心能力分析、課程發展變化，再依現行課程做更進一步詳細描述，藉此瞭解學生學習的內容，最後透過能總整學習結果表現之產業實務實習課程之學習內容與結果確認學生核心能力的表現是否達到學系核心能力。

本研究所選擇之個案學校創校已有半個世紀以上，在臺灣堪稱歷史悠久之私立大學，創設於1958年原為家政專科學校，1997年升格為大學。臺灣技專校院升格熱潮時，個案學校另闢南部地方校區，而南部校區在1995年成立，至今亦已有30年之校區史。

個案學校創辦人為中華民國曾經擔任過本國副總統，顯示學校創辦肩負國家發展提升知識水平而辦校，學校創辦於1958年是臺灣高等教育

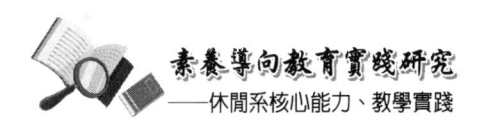

頗早就設校的學校，雖然一開始是專科學校，但也隨著臺灣的教育環境變遷，改制升格、找尋新校地、建立新學系，是沿著高等教育的發展故事一路演進至目前的現況。現任董事長醫生出身，曾經擔任過北部〇〇醫學院校長，在高等教育的治理也是有概念者，雖然些董事長常在校務工作座談會上，告誡老師要好好服務消費者（學生），但也總是表示學生入學後學校最重要的工作就是要改變學生的氣質。

個案學校由家政專科開始設校，本以家政民生之教與養的形象與特色而建設校，而地方創生或者大學社會責任的概念都是將學校教育生態圈內視為大範圍的「家庭治理（理念）」而學習，日本國提出地方創生以來，臺灣也隨即推動並配合大學社會責任議題衍生發展，高雄校區在地設校區近30年，在休閒體育與時尚服裝等健康活力和生活藝術上是在地翹楚之特色學校，教師會思索能為運用地方強化學生學習的特色，提升其素養。

個案大學之休產系創設於2004年，正是週休二日制實施後就跟著趨勢創建的學系，由管理學院觀光管理學系分支出來，先是管理學院LM學系，又隨著文創興起，轉列C&C學院。以地方大學之姿，S大學高雄校區周邊城鎮內門、旗山、美濃也是極有族群文化特色的環境生態圈。個案學校休閒系位於南部地方的校區，地點位於高雄市內門區，但通往內門之山路較為崎嶇且交通不便；師生雖多於高雄市旗山區活動，但實際上離旗山鎮上也有一段距離。本研究者認為校區為典型的「地方大學」。

臺灣的地方創生依據行政院108年1月3日院臺經字第1070044997號函核定之地方創生國家戰略計畫（核定本），就提到其優先推動地區主要集中於中南部、東部等非六都；而地方創生優先推動地區一是農山漁村、二為中介城鎮、三為原鄉。其中。本研究選擇之個案學校位於「農山漁村區」（內門區），並經由優先之「中介城鎮」（旗山區）通往都

第八章 養導向教育實踐之研究方法技巧

會市區。個案學校位於地方創生之「農山漁村」與接近「中介城鎮」特殊位置符合地方創生案的特色之一，也是本研究選擇該校之一。此外第二章根據休閒學習的內涵之探究，休閒系專業得涉及對農村旅遊、鄉村真實生活、地方特色景觀運營管理等學習內涵。

雖然校區地點位於高雄市內門區，但通往內門之山路較為崎嶇且交通不便；師生雖多於高雄市旗山區活動，但實際上離旗山鎮上也有一段距離。校區與高雄市中心往來多利用國道十號，車程約40分鐘，十號國道終點恰好銜接美濃區，位於旗山、內門與美濃三地方交會區之S大學高雄校區可以說是典型的地方大學。創辦人為中華民國曾經擔任過副總統的謝東閔先生；學校創辦肩負國家發展提升知識水平而辦校，符合本研究基於地方創生的啟示擬探究地方大學在地方引導學生學習培育學生核心能力的特性。

個案選擇後之研究分析流程如下，依下列項序完成：

1. 個案的選擇。
2. 個案學校核心能力與休閒系課程分析。
3. 必修課程分類，選擇基礎課程、核心課程二門課描述教師教學實踐。
4. 以總整性課程—休閒專題研討之專題研究與休閒產業實務實習課程學生全職實習工作參與之分析，瞭解休閒系學生實習核心能力運用與學習表現結果。
5. 休閒系核心能力教育實踐研究之結論。

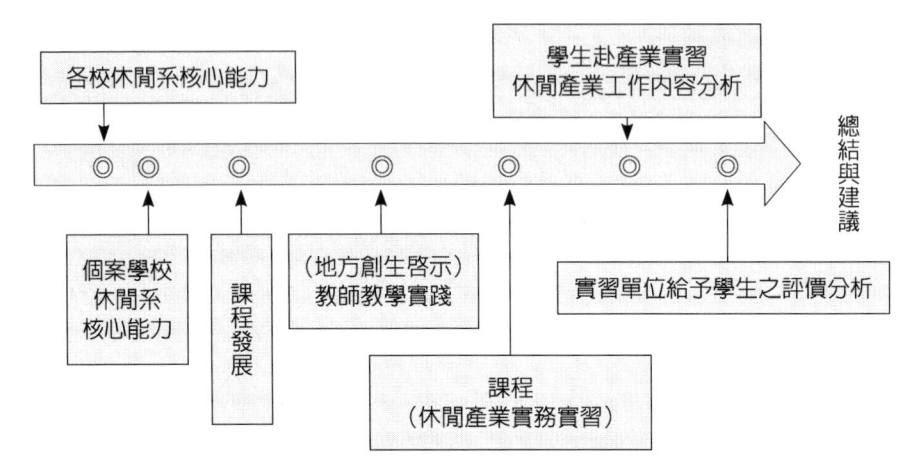

圖8-1　休閒系核心能力教育實踐研究流程

🎓 二、課程

(一)分析時間點

本研究為分析說明個案學校資料，選取三個時間點，第一個時間點為個案學校休閒系創系初期於接受創系後第一次的系所評鑑時之96年度（2007-2008年）、第二個時間點是108學年度（2019-2020年），個案學校休閒系接受委託辦理品質保證認可階段，第三個階段即現況111學年度（2022-2023年）期間。

1998年休閒系根據教育部委託「社團法人高等教育評鑑中心基金會」所規範之程序辦理籌組自我評鑑籌畫小組，並完成自我評鑑報告。因此，有關創系初期之資料取得以該時間點之自我評鑑報告資料為主。

當時系上教師皆是新手的休閒系教師，因應評鑑師資要求，學校由博雅學部選擇了兩位師資轉調支援休閒系，為面對評鑑學系在「目標、特色與自我改善」、「課程設計與教師教學」、「學生學習與學生事務」、「研究與專業表現」等項目的撰寫報告、實際規劃執行獲得通過評鑑，自是經歷教師群齊力動員而達成。

2012年高等教育系所評鑑重視資源的輸入與過程，進而轉向重視產出與學生學習成果，個案學校休閒系於108學年度順利通過品質保證認可，通過有效期為6年。本研究以該時間點作為創系初至今的中間點，此時間點之評鑑報告與內容，多延續與根據休閒系配合學校推動參與華文商管學院認證時之討論結果而調整，休閒系因學校文化與創意學院創設改隸，由商資學院轉至文化與創意學院課程的特性亦有所調整。此亦為本研究在第四章第二節但就休閒系學生核心能力時先從各校休閒系所學院隸屬之學院查詢起，學校規模所設置之學院其特色與學院必修課程對招生與學生學習內容都可能有關聯。

(二)課程規劃分析

由於「課程」影響學生學習，即學系課程規劃所列的科目就是教師教學與學生學習的「內容」。本研究根據選擇個案學校學系之教學計畫（大學四年課程規劃表），列出必修、選修、學系其他課程，例如模組規劃。

其中，必修課程、選修課程、模組規劃等，先依照前述三個時間點之資料，列出休閒系課程計畫課程科目名稱，由、「創系初期必修課」、「必修課程調整」、「必修課程現況」，「創系初期選修課」、「選修課程變化」、「選修課程現況」依序列出創系初期、108學年度、111學年度之課程科目，並比較此三時間點課程名稱、學分數（量）

之變化。

最後，再參考必修課程科目、學習時間，將個案休閒系課程分類基礎課程、核心課程和總整課程。將課程（科目）名稱依基礎課程、核心課程、總整課程分類分列，可以依科目名稱和課程結構得知個案學校休閒系學生學習的架構概況。

三、教學實踐

教育實踐分析課程科目選擇與教師教學行動分析，採選擇一門課，配合依照前休閒系核心能力分析考察之結果，再依據其重要之三項核心能力選擇課程分析。選擇「創意原理」課基礎課程進行教師教學行動之分析，分析說明課程起源背景、教師如何規劃、教師培育學生核心能力之學習設計與考量反思。

為考量選擇科目之適切性，選取開課程已參與同儕外審機制審查之課程為主。參照「S大學教學創新教材與課程獎勵辦法」，於106學年度第一學期第1次校務會議通過（106年9月26日），辦法第一條「本校為提升教師教學品質，鼓勵授課教師落實教學創新活動，以增進教學成效，特定訂本辦法」，表示是為了教師教學而設的獎勵制度。

「教學創新教材與課程獎勵」獲獎課程以分析學系學生學習內容的理由，乃基於根據本獎勵制度的審查標準，教學成果與教學目標之關聯性佔百分之十、成果之創新程度佔百分之三十、成果之內容豐富、完整性的程度佔百分之十、可與教學活動結合的程度佔百分之二十、對於學生學習成效之預期佔百分之三十，由此可知，本獎勵制度獲獎之課程，必然包含對教學目標、內容、活動結合和遇襲學習成效的評估，尤其教學創新與學習成效之預期效應更為看重，對可與教學活動結合的程度則

次之重視。

「教學創新教材與課程獎勵」審查申請書須撰明以下內容：

1. 申請基本資料。
2. 請說明發展此教學創新教材與課程的動機、目的和教學目標或學系核心能力。
3. 請說明此教學創教材與課程的創新程度。
4. 請說明此教學創新教材與課程內容豐富。
5. 請說明此教學創新教材與課程與教學活動結合的程度。
6. 請說明所發展之教學創新教材與課程對於學生學習成效之預期效益。

以上可知，分析教師教學行動與學生學習結果，若採取「S大學教學創新教材與課程獎勵辦法」將會有動機、目的和教學目標或學系核心能力、內容、教材與課程與教學活動結合和教材與課程對於學生學習成效之說明。

由於研究選取之課程因接受過「教學創新教材與課程」審查外審機制，研究校度則教師（行動者）本身、外審人員（專家）、學生；三角檢測則包含資料檢證（課程教材教學）、人員檢證（教學者與審查者、學習者）與方法檢證（觀察、省思、學生作業心得與態度）。

課程說明方式依據作者所創ICEC準備‧教學模式，I（Integrate）、C（Construct）、E（Experience）、C（Competence），及統整、建構、經驗、有能感，教師準備課程需考量教學和學習者需求，對於課程所需與以統整，其次，開始建構課程內容的學習計畫，在課程安排和實際教學時要考量實務參與鑑驗和體驗的歷程，最後，對於所教科目學生學習結果應重視學生習得之有能感，學生覺得有所收穫或所學有價值意義。其實，這樣的教學準備到實際教學之模式，雖源於作者多年教學經驗，

但實際上與課程理論重要人物拉爾夫・泰勒（Ralph W. Tyler）《課程與教學的基本原理》（*The Basic Principles of Curriculum and Instruction*）認明發展任何一種教學課程與計畫必須回答目標、實現經驗學習、有效組織、目標的實現原則是類似的。教師教學應目標設定、教師構思安排學生學習經驗、教學組織設計課程、經驗有效性，即教學目標實踐。換言之，課程教學分析便由(1)統整課程所需；(2)建構課程內容；(3)安排學習經驗；(4)重視學生學習有能感，先由此四大部分說明教師教學準備，其次分析學生學習核心能力，最後則進行教師教學分析之檢討。

四、核心能力培育成果

有關學生學習表現之成果分析，於第十三章及第十四章藉由總整課程休閒專題與「休閒產業實務學系」課的學生學習結果分析以說明學生核心能力實作內容與表現結果。

(一)專題課程

專題課程為個案學系大四學生必修學年課，學生必須在兩學期內參與實作研究之分析，找出問題並蒐集資料予以分析，本書在第十三章將選擇三份專題成果，選擇的三份專題主要原因是其內容與「地方」產生關聯，個案學校附近地方和學生自己的家鄉，藉由教師說明分析學生在專題研究過程中採取了那些行動、分析了什麼，以描述性說明學生在專題中如何展現所學的運用結果。

(二)實習課程

　　分析方法上,先說明個案學校實務實習課程執行方式,其次列出實習單位,可根據實習單位的職類特性,依照學生實習報告對工作內容之描述,以及個案教師實習訪視與觀察的結果先說明個案學校實務實習課學生學習內容,亦即工作內容。對於學生學習表現結果則採實習單位對學生的評語,依照語意內容參照核心能力項目分類,或亦截為短句後分類說明學生核心能力表現結果。學生實習工作上的表現,透過實習主管的評價分析,正向表現的讚揚或負面批評與指教具有其代表意義,可以瞭解學生整體素養核心能力,當然也值得學校單位對其培育學生的成果提供有意義資料。

第四篇

研發成果與學習成效

第九章
臺灣高等教育休閒系

- 休閒教育
- 休閒領域人才培育開端
- 休閒專業學習領域

高等教育開始創設休閒學系，源於20世紀中後期西方開發國家開始重視「休閒」研究並且與學校課程發展有關。本章以臺灣高等教育休閒系為標題，說明休閒教育、大學休閒人才培育和休閒系專業學習領域相關內容。

一、休閒教育

休閒的觀點和定義在業界並不統一，但對多數人而言休閒是在非工作時間，也就是說休閒是在非就業時間內實現一種在自我選擇的經驗中擁有自由感和內在動力的狀態。由於自由是一種能掌控自身行為的感覺，故當人們能夠接受最低限度的外在約束和約束時，自由就意識就存在了，學習安排有益身心的休閒活動也是公民生活素養的一部分。

休閒教育教導各種活動的知識和技能，或透過提供娛樂計畫、課後活動參與機會，教導終身體育運動；雖然休閒教育涵義廣泛，一般來說其方法就是傳授或教導人們如何有價值且明智地能學習如何運用空閒的時間；幫助人們學習如何充分利用時間體驗休閒，享受有意義充實的休閒生活，透過「休閒」而提高生活品質。

優質的休閒提供人們學習活動參與和健康成長的機會。人們從小在家庭教育中就開始被傳授著休閒的知識，家庭教育也培養個人休閒意識的過程。休閒與促進家庭內部的溝通、凝聚力和靈活性有關（Zabriskie & McCormick, 2001）。Kleiber等人（2002）認為休閒能在人們經歷負面生活事件時被視為是一種因應機制，與自我保護、自我恢復和個人轉變有關，可幫助個人保持對未來的希望。

美國的學校課程發展1930年代到1940年代就引進師活領域的社區生活、健康、職業和休閒所組成的課程，二戰結束後有反學術之強調生

領域課程、生活適應課程,居家生活、職業生活、公民生活和身心健康等各領域為培養公民而準備。也就是說,休閒教育休閒教育應該傳授與休閒領域相關的知識,幫助人們掌握休閒關聯的知識、技能和態度。透過學校教育讓學生學習能夠識別和明確休閒價值、態度、需求與目標。

休閒教育促使個人在休閒生活中能夠自主、自給自足和積極主動的方法,也和個人以及個人所處的環境以及整個社會學習相關。在國外休閒亦可由公園管理、地方特色景觀的經運營管理為專業內容,Gartner(2004)認為,鄉村旅遊與城市旅遊不同,可以成為獨立的研究課題,市場和經濟力量改變了美國農村景觀,農村目的地部迎合國際客戶,主要由當地遊客使用,他回顧旅遊發展趨勢,認為人們對遺產、傳統和鄉村真實生活的興趣日益濃厚。如今,健康意識的提高強調了新鮮空氣、戶外活動和無壓力環境等價值觀,人們尋求在安靜的自然場所尋求獨處和放鬆(Dixon & Jovanovska, 2022)。休閒系與公園管理、農村景觀、鄉村傳統生活戶外紓壓學習為內涵。

而在臺灣,1994年9月行政院成立教育改革審議委員會,「文化休閒教育的欠缺」於歷次諮議報告書中被提及(引自顏妙桂,2002)。當時,休閒教育在國民教育中學教育階段是公民訓育領域專業人員探討的議題。行政院教育改革審議委員會(1995)對於學生行為輔導問題建議重視休閒教育,落實課外活動,積極規劃設置青少年活動場所。早期在學校教育中課程設計強調達成全人教育目標,以非正式和潛在課程的規劃或和正式課程的領域整合,提供學習者探索和發展休閒知能,黃政傑(1996)認為休閒教與課程設計可為特定教學科目途徑、特定學習單元途徑、非正式課程途徑、社區或社會休閒活動或社團的途徑,讓學習者體認各領域的價值和趣味,願意繼續投注心力於其間當成休閒生活的一部分(引自呂建政,1999)。

呂建政(1999)在〈休閒教育的課程內涵與實施〉一文中,提出休

閒之認知、技能與情意的內容可適切融入各個學科課程，對於休閒的重要性與休閒自由限制等主題可納入生活與倫理或公民與道德；休閒活動技能與經驗可由美術、音樂、體育、童軍等學科加以訓練與培養；至於大學相關科系或通識可開設休閒教育、休閒教育與輔導、休閒社會學、休閒心理學、休閒與文化、休閒活動規劃等科目。

迎接21世紀來臨，2001年臺灣試行九年一貫課程，實務上加強學校彈性時間與強調教學企劃，休閒相關的課程開始於學校教育中被討論。吳忠宏、范莉雯（2003）探討九年一貫課程為架構之休閒教育模式與內容，即提及「我國從民國九十年起開始實施週休二日制度，為了協助民眾利用休閒來提高生活品質，休閒教育之實施確有其必要」。休閒教育的正面意義在推動國民教育上被重視。宋幸蕙（2000）針對臺灣地區六百多名的國民中學教師對休閒教育課程的調查研究中，教師們認為休閒教育應該涵蓋休閒倫理內容，課程內容最應包含生態保育、資源保護、健康及社會關懷等價值的培養；在教學方法上期望應採實際活動進行，中學課程各科與休閒教育的關係依序是童軍教育、鄉土藝術活動、團體活動、音樂、家政與生活科技、美術、體育、輔導活動等，理化、數學、英文、地球科學等科則排序在後；但適合融入則由高至低為體育、團體活動、童軍教育、輔導活動、家政與生活科技、健康教育，其研究結論其歸結，藝能科目和活動學科較適合融入休閒教育，內容偏向休閒知覺、人際互動技巧、休閒活動技巧、休閒資源等部分；建議部分則認為休閒教育課程教學目標提高學生善用休閒時間能力、引導學生參與有意義之休閒活動，引領學生體會和諧自由之休閒心境，幫助自我決定及行動以創造有意義的生活。

劉子立（2001）在綜整學者意見後提出推動休閒教育由課程角度切入，提供休閒教育的課程，包括以休閒認知的灌輸、休閒資訊的引介、休閒活動的提供、休閒時間的規劃、休閒技能的訓練、休閒態度的陶

冶、休閒諮商與輔導、休閒教育方案實施、休閒教育人才培養、休閒教育理論研究與運用、休閒事業經營與管理、休閒教育政策的討論與研析等內涵。也就是說，他認為休閒教育的推動大多僅於活動提供、設施服務等物質層面，對於休閒認知、休閒態度、休閒體驗、休閒滿足等教育層面的提供較少涉及，然休閒活動應達到鬆弛、愉悅、恢復、再創造的目的，故提出針對休閒事業經營與管理策略，認為配合休閒教育專業人才的培養，提升服務品質。

顏妙桂（2002）認為提升休閒品質則學習休閒應有其必要；休閒教育的實施必須與終身學習教育結合，以提升生命不同歷程的意義；為了「全人教育」和「完美生活的準備」，休閒教育的重要性不容忽視。「教育的最終目的其實就是為生活而準備」是全人教育的養成。「教育就是完美生活的準備」，包括利用休閒時間滿足趣味活動的休閒和娛樂（顏妙桂，2002）。

如今大專校院設置休閒學系，成為臺灣高等教育專業學習進修內容的一部分，休閒系學生學習專業知能、技術、態度，成為能引領個人、民眾他人達到生活有價值和趣味，能夠鬆弛、愉悅、再創造的健康意識；休閒系學生素養導向也是朝能培育出這樣人才的目標而教育之。

綜觀上述可以瞭解，休閒教育是內容也是一個過程，個人透過一個完整的發展過程理解休閒，以確定休閒在自身生活中的地位與意義，並促進個體發展與自身價值觀、需求和目標相符的休閒生活方式。在臺灣，工業社會人們忙於工作、升學主義學子忙於課業，對於自由時間做為遊憩、活動的做法，容易被汙名化為懶散、娛樂且消極，因此學校教育仿襲美國課程和生活觀，開始在教育體系推動休閒教育。休閒學習內涵蓋括性的概念是「休閒的學習」是一種教育，也是社會社區社團的活動，期望國人藉由休閒的認識與行動提升生活品質完美生活準備，由於對休閒品質之需要休閒教育觀念與實務執行能力的提升。

表9-1 休閒學系內涵與研究關鍵字

著者（年代）	休閒學習的內涵	關鍵字
黃政傑（1996）	社區或社會休閒活動或社團的途徑，讓學習者體認各領域的價值和趣味，願意繼續投注心力於其間，當成休閒生活的一部分	社區社會活動 社團 價值趣味 休閒生活
呂建政（1999）	休閒教育。休閒之認知、技能與情意內容可適切融入各個學科	休閒認知 休閒技能 休閒情意
宋幸蕙（2000）	休閒教育。應該涵蓋休閒倫理內容，課程內容最應包含生態保育、資源保護、健康及社會關懷等價值的培養	休閒倫理 生態保育 資源保護 健康 社會關懷
劉子利（2001）	休閒認知、休閒態度、休閒體驗、休閒滿足等教育層面較少提及休閒活動應該讓民眾達到鬆弛、愉悅、恢復、再創造的目的。	鬆弛 愉悅 恢復 再創造
顏妙桂（2002）	全人教育的養成。教育就是完美生活的準備，包括利用休閒時間滿足趣味活動的休閒和娛樂	全人教育 休閒時間 趣味活動 娛樂
Gartne（2004）	鄉村旅遊與城市旅遊可以成為獨立的研究課題，市場和經濟力量改變了美國農村景觀，農村目的地部迎合國際客戶，主要由當地遊客使用，他回顧旅遊發展趨勢，認為人們對遺產、傳統和鄉村真實生活的興趣日益濃厚。	鄉村旅遊 城市旅遊 農村景觀 遺產 傳統 鄉村真實生活
Dixon & Jovanovska（2022）	健康意識的提高強調了新鮮空氣、戶外活動和無壓力環境等價值觀，人們尋求在安靜的自然場所尋求獨處和放鬆	健康意識 戶外活動 無壓力環境

二、休閒領域人才培育開端

臺灣在大專校院成立休閒系科，是先由專科部開始設立，再於四年制大學部設置。公立學校部分，1993年國立臺灣體育大學五專部休閒運動科，國中畢業青少年生得進入專科修習「休閒運動」；同校，於1995年申請成立四年制休閒運動學系，1996年國立臺灣體育大學休閒運動學系招收一班。同時期，即1996年原臺北市立體育專科學校改制為臺北市立體育學院，亦招收休閒運動系學生。此兩所公立學校都是體專改制的學校，明顯地，公立體育學校開始配合教育部施政方針重視休閒運動專攻領域的學生能力發展，讓體育運動不再只是在刻板印象中的競技運動。由於公立大學部分由於師範學院多設有體育系，1999年師範體系領頭羊之國立臺灣師範大學於成立「運動與休閒研究所」，同校「餐旅管理與教育研究所」乃於人類發展與家庭學系下設立，現合併於運動與休閒學院「運動休閒與餐旅管理研究所」。

位於南部地區的嘉義大學2003開始招生體育與健康休閒研究所，嘉義大學本由國立嘉義師範學院（原嘉義師專）及國立嘉義技術學院（原為嘉義農專）兩校整併而成，是高等教育大學校院整合成功的首例大學，嘉義大學休閒系以「培養具有專業化之研究與實務並重之體育與健康休閒專業人才」為教育目標。

中部地區臺中教育大學，原為臺中師專，該校在2008年新成立「永續觀光暨遊憩管理研究所」，2011年更名為「永續觀光暨遊憩管理碩士學位學程」。體育運動專長學生之發展不再限於以成為體育教師或者只能朝運動競技方向發展的生職涯發展觀念。

私立大學部分，大業工學院（大葉大學）在1996年於管理學院設置

休閒事業管理系；次年（1997年），同為臺灣中部的私立朝陽科技大學在1997年成立技職體系第一個休閒事業管理系；1999年成立碩士在職專班，該校發展三大主軸綠色旅遊、運動休閒、餐飲管理。

研究所部分是由私立朝陽科技大學在1998年成立全國第一個休閒事業管理碩士班；2000年國立臺灣體育大學籌設休閒運動管理研究所，2001年招收第一屆。由此可知，在臺灣，休閒系在公私立大學可以說是同時開始設立，在二十世紀末準備迎接二十一世紀時，臺灣的高等教育已在培養能引領休閒的專業人士，休閒的專業學習與運動、飲食和環境景觀有密切的關係。

臺灣政府於1998年實施隔週休二日，同時期國內出現推動休閒生活教育、運動休閒相關文章文獻（馮麗花，1998；高俊雄，1998；歐宗智，1998；劉惠珍，1998；陳敬能，1998）。討論餘暇與休閒活動理論等出版物（金震燮，1988；謝政瑜，1989）。2001年1月1日實施週休二日，即五天工作制。顏妙桂（2002）認為提升休閒品質則學習休閒應有其必要。事實上臺灣實施週休二日前後高等教育新設立了不少休閒相關學系，特別是私立大學，由觀光系為基礎衍生增新設系。銘傳大學1968年即設立觀光事業科（三年制），1990年升格為四年制銘傳管理學院時即設立觀光事業系，現在設有休閒遊憩管理學系。實踐大學休閒產業管理學系設立於2004年，較同校在1998年就先設立觀光事業學系，在1999年高雄校區觀光事業學系改名為觀光管理學系，其休閒系之設立在後。義守大學2011年增設觀光學院，設有休閒事業管理學系、餐旅管理學系、觀光學系、廚藝學系。2012年大葉大學的休閒事業管理學系改隸觀光餐旅學院，次年成立碩士在職專班，現則有另碩士班。由此可知，週休二日之制度帶動休閒觀光產業發展，也由於有招生的利基私立大學紛紛獨立設立休閒系招生，而公立大學也為了讓大學生大學畢業後得以進修較高學歷，陸續設立相關研究所。

儘管根據Stebbins（2023）之說法，世界各地的證據表明，致力於休閒研究教學和研究的學術單位正面臨困境，即教學人員規模正在縮減，在某些情況下，甚至被併入其他學術單位，甚至乾脆被裁撤。但在臺灣高等教育，若2022年大專校院校務資訊公開平臺所公布之「遊憩、運動和休閒管理細學類」結算出列出的學校有57所公私立大專學校（大專校務資訊公開平臺，2022）。

三、休閒專業學習領域

若考量休閒系之生源，根據高中生考大學參考之「大學問」網站，江育真（2017）描述「休閒事業管理學系是學習把一般人的興趣當成事業來經營」在相關產業擔任經營管理、服務、活動策畫或行銷人員（〈考大學：休閒管理科系學什麼〉，大學問，https://www.unews.com.tw/News/Info/729。最終查詢日：2025年7月15日）；而由大學招生委員聯合會設置之大學選才與高中育才輔助系統，休閒管理類是「協助規劃人們參與休憩活動的各種活動與相關管理的知識」（引自「ColleGo」網站，https://collego.edu.tw/Highschool/MajorIntro?current_major_id=123，最終查詢日：2025年7月19日），在該網站中並歸納出休閒管理學類學習範圍包括，戶外遊憩、運動、文創產業、休閒產業等場館設施、活動體驗、導覽、行政與人力管理等知識，主要是為了提供完善服務，休閒事業是屬於服務業。

參照**圖9-1**，「大學問」網站資訊並標示此學群內學類關係圖如下，若休閒管理、運動管理為中心，休閒管理與觀光事業和餐旅管理較為接近，運動管理與運動保健和休閒管理較為接近，體育與舞蹈被列在此學群中。另參照**圖9-2**管理學群內各學類關係空間圖，可以發現休閒管理與管理跨學類、觀光、文化、餐飲、運動、行政等管理較為接近。

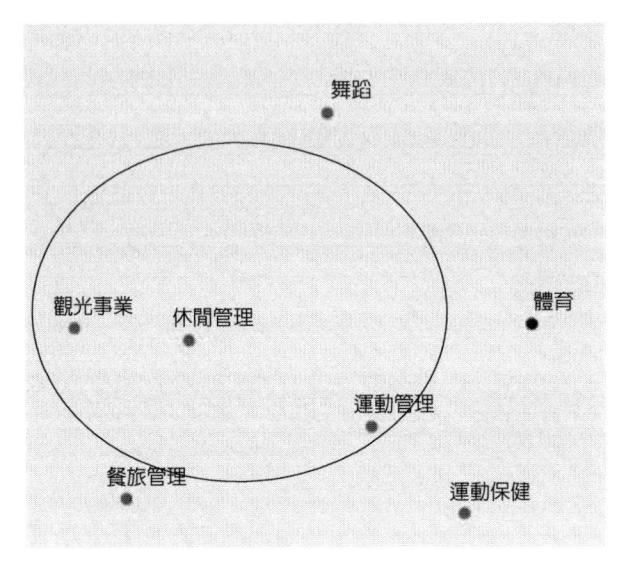

圖9-1　遊憩運動學群內各學類關係空間圖

圖摘自https://collego.edu.tw/Highschool/CollegeIntro?current_college_id=18

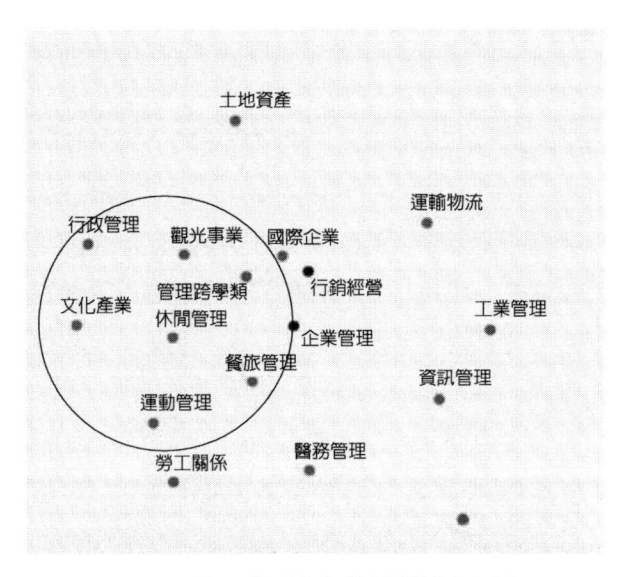

圖9-2　管理學群內各學類關係空間圖

圖摘自https://collego.edu.tw/Highschool/CollegeIntro?current_college_id=16

大學招生委員會聯合會設置「CollGo!大學選材與高中育才輔助系統」（https://collego.edu.tw/）網站，提供高中生升學參考，以學群、學類和大學地理位置（所在縣市）區分介紹。其中，在學群介紹部分，休閒系主要在遊憩運動學群，對於本學群的簡要介紹為「以有助於人類身心理活動運作為核心的理論與實務規劃，包含了觀光休閒活動的投入與產出的規劃管理，運動科學（運動生理、心理、生物力學等）理論與實務管理。」有關此遊憩運動學群的說明，列出之學習內容為「觀光休閒產業經營、觀光運輸與管理、運動科學管理（運動生理、心理、生物力學等）、運動技能之訓練」；並將主要學類分列了運動保健、體育、舞蹈、觀光事業、運動管理、餐旅管理、休閒管理七類；興趣類型則依據何倫碼遊憩運動學群興趣類行為「企業型（E）、社會型（S）」兩型，適合做事有計劃，希望擁有全力改善組織，希望被他人肯定，以及喜歡表達，以工作為導向，樂於人計畫動特質者學習；知識領域則列出「管理、人群服務、教育訓練、銷售行銷」。

　　由於「大學問」和「CollGo!大學選材與高中育才輔助系統」網站為高中端生選擇大學校系之主要參考平臺，故其所提供之資訊，也就是說大學端所招收到休閒系的學生可能受到此網站訊息內容之影響。而在此網站所示之內容也影響學生進學，和間接影響大學休閒專業學系端所招收到學生之共同特質。

第十章
臺灣各大學休閒系核心能力

- 各大學休閒系所屬學院分析
- 各大學休閒系核心能力分析
- 個案學校休閒系核心能力
- 個案學校休閒系核心能力與他校比較

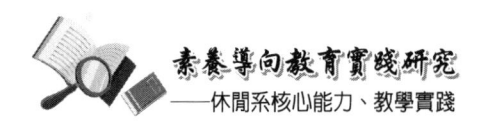

本章根據大專校務資訊公開平臺所列遊憩、運動和休閒管理類之大專校系，再依其地理所在位置分列探討休閒系所屬學院與學系名稱，據此可以瞭解臺灣大專校院休閒系的學群性質特色與各校訂定之核心能力。

一、各大學休閒系所屬學院分析

(一)北部地方學校

如**表10-1**所示，大專校務資訊公開平臺所列學校中，位於臺灣北部地方的國立和公立休閒系有五所，除了臺北市立大學為公立學校，餘為包括師範和體育大學的國立一般綜合大學。

北部地方國公立大學之休閒系有設於商學院、體育學院及管理學院。而學系名稱中除體育大學之休閒系之系名為「休閒產業經營學系」，其他四所國立與公立學校的休閒系，包括休閒運動管理學系、休閒運動管理學系，都有以「運動」命名。北部的國公立學校休閒系多以運動作為特色，「運動」知識與技能是休閒系學生應具備之能力。位於北部的師範學校休閒關聯研究所名還包括「餐旅」，但若循學系發展史則是因為該校原設有人類發展與家庭學系，即「餐旅管理與教育研究所」屬人類發展與家庭學系；師範學校具備餐旅特色學系的起源主要是家政科目衍生，可以得知學系專業與核心能力會受該校相關學系原規模和專業之影響。目前，國立臺灣師範大學已將「餐旅管理與教育研究所」現合併於運動與休閒學院「運動休閒與餐旅管理研究所」。

第十章　臺灣各大學休閒系核心能力

表10-1　臺灣北部地方大專校院遊憩、運動和休閒管理類大專學校

編號	大學名稱	休閒系所屬學院	系名
1	國立臺灣大學	共同教育中心	運動設施與健康管理學程碩士學位學程
2	國立臺灣○○大學		運動休閒與餐旅管理研究所
3	國立○○大學	運動與休閒學院	休閒運動管理學系
4	臺北市立大學	商學院	休閒運動管理學系暨碩士班
5	國立體育大學	體育學院	休閒產業經營學系
6	○○大學	管理學院	運動休閒管理學士學位學程
7	○○大學	教育學院	休閒遊憩管理學系
8	○○大學	觀光學院	休閒事業管理系
9	○○管理健康學院	觀光運輸學院	觀光休閒與健康系（原運動健康與休閒系）
10	○○科技大學	觀餐休閒管理學院	休閒事業管理系
11	臺北○○科技大學	民生學院	休閒事業系（含碩士班）
12	○○影藝科技大學	觀光產業學院	休閒事業經營系
13	臺北○○科技大學	海洋事業學院	海洋運動休閒系 海洋休閒觀光系
14	○○○科技大學	民生與設計學院	休閒運動與健康管理系（原名） 休閒運動與觀光管理系（111學年度更名）
15	○○技術學院	民生學群	休閒事業管理系、休閒與餐旅管理系
16	○○科技大學	服務產業學院	休閒事業管理系
17	○○醫事科技大學	福祉產業學院 健康學院	健康休閒管理系 觀光與休閒管理系
18	○○科技大學	觀光餐旅學院	休閒運動管理系 觀光休閒管理系
19	○○醫護管理專科學校		健康休閒管理科

說明：1.學校名稱以大專校務資訊公開平臺所示名稱列表（最終查詢日2023年1月24日）。本表所示校名以○○替代，但校名如為地名則直接顯示。

　　　2.學院與學系名稱由作者自行進入各校官網查詢。（最終查詢日2023年6月2日。）

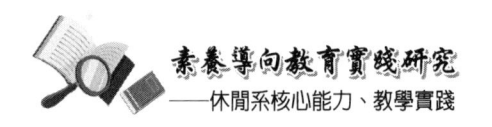

北部地方私立大學部分，北部地方的私立學校有十四所設有休閒關聯系科或學程，只有三所是綜合大學，休閒系屬觀光學院、運輸觀光學院，學系名稱包含運動、遊憩、管理為系名；北部學校實踐大學雖位於北部，但由於該學校另設有高雄校區，而該校休閒產業管理學系設於高雄校區，在此未將其分類列於「北部地方」學校。另十一所學校皆為技職體系學校，包括影藝科技、海洋、醫事、醫護類型學校，各校休閒系科包括屬管理健康學院、民生學院、民生與設計學院、福祉產業學院、觀餐休閒管理學院、觀光產業學院以及海洋事業學院；各校休閒系有「觀光」、「餐旅」、「健康」、「管理」命名。

(二)中部地方學校

　　臺灣中部地方國立學校有四所，包括師範大學、體育大學及兩所科技大學；彰化師範大學設立的是運動與健康休閒在職碩士班而非大學部；臺灣體育運動大學於運動產業學院設有運動休閒系，也包含碩士班；國立勤益科技大學於管理學院原設有以休閒產業管理學系為名，但112學年度更名為健康產業科技研發與管理系；雲林科技大學於人文與科學學院設有休閒運動研究所。中部的國立學校皆設有休閒研究所，有兩所國立學校於運動產業學院和管理學院設有休閒系。

　　中部地方的私立大學也只有七所，其中三所為一般綜合大學，大葉大學於觀光管理學院設有休閒事業管理學系，東海大學於農業暨健康學院設有運動休閒與健康管理學位學程，道明大學於商管學院設有休閒保健學系，惟從教育部專輔學校面臨停招已退場大學。

　　中部地方另四所設有休閒系的私立大學為科技大學，建國科技大學於生活科技學院設有運動健康與休閒系、朝陽科技大學於管理學院設有休閒事業管理系、弘光科技大學於民生創新學院設有運動休閒系、環球

科技大學於觀光暨健康學院設有觀光與餐飲旅館系和運動保健防護系兩系,但112學年度該校亦已停招準備退場。

　　以上,中部學校之休閒系於國立學校有於運動產業學院、管理學院設置休閒系;私立學校則於管理學院、觀光管理學院、生活科技學院、民生創新學院設有休閒系;此外,中部學校之休閒系有以「運動」、「健康」、「保健」、「觀光」、「餐旅」、「管理」等詞合併命名,但休閒系成為中部許多大學普遍設立的學系,也紛紛走向退場境地。

表10-2　臺灣中部地方大專校院遊憩、運動和休閒管理類大專學校

編號	類型	大學名稱	休閒系所屬學院	系名
20	國	國立○○師範大學	社會科學暨體育學院	運動與健康休閒碩士在職專班
21	國	國立臺灣體育運動大學	運動產業學院	休閒運動學系（含碩士班）
22	國	國立○○科技大學	管理學院	休閒產業管理系（所）（112學年度更名為健康產業科技研發與管理系）
23	國	國立雲林科技大學	人文與科學學院	休閒運動研究所
24	私	○○大學	觀光餐旅學院	休閒事業管理學系
25	私	○○大學	農業暨健康學院	運動休閒與健康管理學位學程
26	私	○○大學	商管學院	休閒保健學系
27	私	○○科技大學	生活科技學院	運動健康與休閒系
28	私	○○科技大學	管理學院	休閒事業管理系
29	私	○○科技大學	民生創新學院	運動休閒系
30	私	○○科技大學	觀光暨健康學院	觀光與餐飲旅館系 運動保健與防護系

說明:

1. 本表標號接續**表10-1**。
2. 學校名稱以大專校務資訊公開平臺所示名稱列表（最終查詢日2023年1月24日）。本表所示校名以○○替代,但校名如為地名則直接顯示。
3. 學院與學系名稱由研究者進入各校官網查詢。（最終查詢日2023年6月2日。）

(三)南部地方學校

臺灣南部地方整個臺灣設置休閒相關學系數最多的地方。休閒系的學校，國立學校有五所，其中一般綜合大學有四所，科技大學有一所；私立大學部分則有十六所學校設有休閒相關學系，即若以地方劃分，十六所私立大學中有三校是一般綜合大學，但其中一校已宣布停招退場，另一學校校本部實際於臺北，餘十三所學校皆為技職體系科技大學、技術學院與專科學校，亦有學校將於112學年度停招。

國立學校中，嘉義大學於師範學院設有體育與觀光休閒學系暨研究所，並於管理學院設有行銷與觀光學系暨研究所、國立成功大學於人文社會科學院設有體育健康與休閒研究所、國立高雄大學於人文社會科學院設有運動健康與休閒學系、屏東大學於管理學院設有休閒事業經營學系、屏東科技大學於人文暨社會科學院設有休閒運動健康系。私立學校部分，嘉南藥理大學於休閒暨健康管理學院設有休閒保健管理系、臺灣首府大學於教育與創新管理學院設有休閒管理系所，目前已停辦。屬於北部學校的實踐大學由於在高雄設有高雄校區，校區內文化創意學院設有休閒產業管理學系。

南部學校休閒系隸屬於師範學院、人文社會科學院、人文暨社會科學院、管理學院、休閒暨健康管理學院、文化創意學院、醫學健康學院、數位管理學院、商管學院、商業暨管理學院、管理學院、民生應用學院、民生學院、生活科技學院、生活創意學院、旅遊學院、餐旅休閒學院、休閒暨餐旅學院等學院。南部學校休閒學系有以「體育」、「運動」「觀光」「管理」命名的休閒系，而私立學校則除了「運動」「觀光」「管理」之外，還有以「遊憩」、「健康」、「養生」、「娛樂」命名的休閒系。私立大學中，休閒系隸屬教育與創新管理學院的學校已

於2023年7月停辦；另一所商業暨管理學院之休閒運動管理系一已列為專輔學校。

表10-3　臺灣南部地方之遊憩、運動和休閒管理類大專學校

編號	類型	大學	休閒學系學院	系名
31	國	國立嘉義大學	師範學院 管理學院	體育與觀光休閒學系暨研究所 行銷與管光管理學系暨研究所 （觀光休閒管理碩士班、博士班）
32	國	國立〇〇大學	管理學院	體育健康與休閒研究所
33	國	國立高雄大學	人文社會科學院	運動健康與休閒學系
34	國	國立屏東大學	管理學院	休閒事業經營學系
35	國	國立屏東科技大學	人文暨社會科學院	休閒運動健康系
36	私	〇〇藥理大學	休閒暨健康管理學院	休閒保健管理系
37	私	臺灣〇〇大學	教育與創新管理學院	休閒管理學系（所） 休閒資訊管理學系
38	私	〇〇大學（高雄校區）	文化與創意學院	休閒產業管理學系
39	私	〇〇科技大學	醫學健康學院 數位管理學院	休閒遊憩與運動管理系 觀光休閒管理系
40	私	〇〇科技大學	商管學院	休閒事業管理系（含碩士）
41	私	〇〇科技大學	民生應用學院	休閒遊憩與運動學系
42	私	臺南應用科技大學	生活科技學院 旅遊學院	運動休閒與健康管理系 養生休閒管理系
43	私	〇〇科技大學	餐旅休閒學院	休閒運動管理系（所）
44	私	〇〇醫事科技大學	民生學院	運動健康與休閒系
45	私	〇〇科技大學	管理學院	休閒與觀光管理系 休閒遊憩與運動管理系
46	私	〇〇科技大學	生活創意學院	休閒與運動管理系
47	私	〇〇科技大學	商業暨管理學院	休閒運動管理系
48	私	〇〇科技大學	休閒暨餐旅學院	休閒運動管理系（休閒事業管理碩士班）

(續) 表10-3　臺灣南部地方之遊憩、運動和休閒管理類大專學校

編號	類型	大學	休閒學系學院	系名
49	私	○○科技大學	民生學院	運動休閒管理系（含碩士班）
50	私	○○技術學院（嘉義）	旅遊與休閒娛樂管理	運動健康與休閒系 觀光與休閒事業管理系
51	私	○○醫護管理專科學校		休閒暨觀光事業管理科

說明：
1.本表標號接續**表10-2**。
2.學校名稱以大專校務資訊公開平臺所示名稱列表。（最終查詢日2023年1月24日）本表所示以○○替代，但校名如為地名則直接顯示。
3.學院與學系名稱由研究者自行進入各校官網查詢（最終查詢日2023年6月3日）。

二、各大學休閒系核心能力分析

　　一般綜合大學，臺灣北部桃園市TS大學管理學院休閒產業經營學系、南部P大學管理學院休閒事業經營學系、東部的國立T大學師範學院文化資源與休閒產業學系三所國立大學休閒系，其所訂定之學生核心能力包括休閒專業基礎，也有學校訂列以多元文化思維能力、關懷服務社群能力、拓展國際視野之能力；另有學系設定以活動創意企劃專業能力、旅宿服務接待能力為主；有學校以溝通協調、團隊合作、多元語文、專業倫理與態度為主。兩所私立大學（D大學、S大學）休閒系所列的共同核心能力有「溝通」能力。

　　科技大學休閒系核心能力，位於臺灣北部的TN科技大學觀餐休閒管理學院休閒事業管理系、M科技大學服務產業學院休閒事業管理系、T科技大學休閒事業系以及中部地方的私立C科技大學、南部地方的S科技大學，以上五所私立科技大學所設定的特色性的核心能力有外語能力、

第十章　臺灣各大學休閒系核心能力

體驗力、行銷力、人文素養、休閒事業調查與分析能力、休閒活動創新企劃力。

表10-3，其內容由**表10-1**和**表10-2**整理，列出一般綜合大學休閒學系和科技大學休閒系核心能力關鍵字（能力項目），透過關鍵字重新排列順序可以發現科技大學有學校提到學生核心能力包括資訊應用和電腦使用，一般大學則無。其他，若從各校所訂定之核心能力項目上，一般綜合大學和科技大學難區分核心能力差異。

多數核心能力項目可如同**表10-4**所列對應關係，用詞不同字或說明核心能力的詞句標達方式不同，但依項目來說可歸納為知識／專業知能、調查／分析／研究、問題解決、實作、體驗、推廣／行銷、表達／溝通／協調／導覽／解說、管理／活動／創新／企劃／規劃／設計、多元文化思維／人文素養／關懷／服務、國際視野／競爭力／自主學習、多元語文／外語、倫理／道德思辨、態度、團隊／合作、資訊應用／電腦使用等12項，是休閒系一般大學和科技大學共通的核心能力。

表10-4　國立與私立一般綜合大學休閒系學生核心能力

	大學 休閒學系學院系名	核心能力	能力項目（關鍵字）
1	國立TS大學 管理學院 休閒產業經營學系	・應用專業知識解決之能力 ・多元文化思維之能力 ・關懷服務社群之能力 ・拓展國際視野之能力	知識／解決（問題） 多元文化思維 關懷／服務 國際視野
2	國立P大學 管理學院 休閒事業經營學系	・休閒產業基礎知識 ・休閒管理基礎能力 ・活動創意企劃專業能力 ・旅宿服務接待能力 ・國際語文能力 ・實務操作能力	（基礎）知識 管理（基礎） 活動／創意／企劃 （旅宿）服務 外語 實務操作

（續）表10-4　國立與私立一般綜合大學休閒系學生核心能力

	大學 休閒學系學院系名	核心能力	能力項目（關鍵字）
3	國立T大學 師範學院 文化資源與休閒產業學系	・專業知能 ・基礎研究與分析能力 ・溝通協調、團隊合作能力 ・問題解決能力 ・多元語文能力 ・專業倫理與態度	專業知能 研究／分析 溝通／協調／團隊／合作 問題解決 多元語文 倫理／態度
4	D大學 觀光餐旅學院 休閒事業管理學系	・專業能力 ・解決問題能力 ・溝通能力 ・倫理觀	專業 解決問題 溝通 倫理
5	S大學 文化與創意學院 休閒產業管理學系	・設計規劃休閒產品與服務活動的能力 ・導覽解說休閒產品的推廣能力 ・具有創意與溝通的能力	設計／規劃／服務／活動 導覽／解說／推廣（休閒產品） 創意／溝通

說明：本表大學名稱則採原校名英語名稱之第一發音字母為主。私立大學則不會另行標示私立。

表10-5　科技大學休閒系學生核心能力

	大學 休閒學系學院與系名	核心能力	能力項目（關鍵字）
6	TN科技大學 觀餐休閒管理學院 休閒事業管理系	・表達能力 ・外語能力 ・職場倫理與道德思辨能力 ・專業知識或管理能力 ・資訊應用能力 ・解決問題與實作能力	表達 外語 倫理／道德思辨 知識／管理 資訊應用 解決問題／實作
7	M科技大學 服務產業學院 休閒事業管理系	・服務力 ・體驗力 ・行銷力	服務 體驗 行銷

第十章　臺灣各大學休閒系核心能力

（續）表10-5　科技大學休閒系學生核心能力

	大學 休閒學系學院與系名	核心能力	能力項目（關鍵字）
8	T科技大學 休閒事業系 休閒事業系碩士班	・深化學生專業倫理與合作能力 ・培養學生國際移動力與競爭力 ・基礎研究與創新規劃能力 ・培育遊憩活動與休閒健康產業之管理基本能力 ・具備人文素養及社會關懷之能力	倫理／合作 國際移動／競爭 研究／創新規劃 活動／管理 人文素養／社會關懷
9	C科技大學 管理學院 休閒事業管理系	・休閒事業管理基礎管理運用與專業理論能力 ・休閒產業知識運用能力 ・休閒服務技術能力 ・休閒事業調查與分析能力 ・休閒活動創新企劃力 ・口語表達與溝通協調能力 ・國際視野與自主學習能力	管理／理論 專業理論 知識 服務 調查／分析 活動／創新／企劃 表達／溝通／協調 國際視野／自主學習
10	S科技大學 商管學院 休閒事業管理系（含碩士）	・電腦使用能力 ・問題解決能力 ・專業倫理與社會關懷 ・解說與意見表達能力 ・休閒管理專業知識和技能	電腦使用 問題解決 倫理／關懷 解說／表達 知識／技能

說明：本表大學名稱則採原校名英語名稱之第一發音字母為主。私立大學則不會另行標示私立；科技大學標明科技大學。

表10-6　大學休閒系核心能力項目彙整表

一般綜合大學核心能力	共通項目列序	科技大學核心能力
知識／專業知能／專業	1	知識、知識／技能 知識／管理／基礎 專業理論
研究／分析	2	調查／分析／研究
問題解決／解決問題	3	解決問題／實作 體驗
推廣	4	行銷
溝通／協調 導覽／解說	5	表達／溝通／協調／解說

（續）表10-6　大學休閒系核心能力項目彙整表

一般綜合大學核心能力	共通項目列序	科技大學核心能力
管理	6	活動／管理
活動／創意／企劃		活動／創新／企劃
設計／規劃		創新規劃
多元文化思維	7	人文素養／關懷／倫理
關懷服務／服務		服務
國際視野	8	國際移動／競爭
		國際視野／自主學習
多元語文	9	外語
倫理／態度	10	倫理／道德思辨
團隊／合作	11	合作
	12	資訊應用
		電腦使用

三、個案學校休閒系核心能力

(一)核心能力訂定

本專著列舉一個案學校為例，描述該校核心能力訂定之歷程。此個案學校之校訓為「力行實踐、修齊治平」、創辦人辦學理念「創新、實踐、至善」，教育目標「倫理化、藝術化、科學化、生產化」，學校定位於「教學型大學」。

根據該校休閒系之108年度之評鑑報告（2019），提到休閒系所屬之文化與創意學院，以承襲創辦人創學理念作為核心價值，學院使命宗旨訂為「發揮創意思考價值，展現地方文化特色」以「我們都是創意生活實踐家」的價值，並擬「有效提升學生具創新動能、文化深耕、創意

第十章　臺灣各大學休閒系核心能力

務實、人文關懷之標的，厚植其就業競爭力。」（「108年度休閒系評鑑報告」，2019，p.3-4）

根據個案學校休閒系創系初期第一次自我評鑑報告（96學年度）所列之核心能力為「人文素養、前瞻視野、實務管理技能」；個案學校休閒系的核心能力，在休閒系創系初期的評鑑報告（2007）提到，學系「在課程設計、教學及活動，皆與教學目標緊密連結」培養具備文化素養、工作熱忱及解決問題的能力，培養學生具有休閒遊憩、文化創意、休閒運動與健康管理之人才，畢業學生應具備休閒產業管理相關能力。

由於教育目標與核心能力的關係，是以學系欲培育的人才訂出教育目標，再依教育目標擬定核心能力。個案學校休閒系的核心能力於「108年度委託辦理品質保證認可」之自我評鑑報告書則提到核心能力修訂的歷程：

「本學系於102學年度參與中華民國管理科學學會（管科會）之華文商管學院認證（Accreditation of Chinese Collegiate School of Business, ACCSB）認證，經管科會顧問教授建議，本系之教育目標未能確實反應「為何種產業培育何種人才」，而且內容涵蓋範圍太大，參酌ACCSB顧問教授2014年9月30日指導意見而修改本學系教育目標，103至107學年度間，經全系老師系務會議反覆討論後以及歷年產官學專家指導建議之過程，一致決議修改本學系的教育目標與核心能力，如下：

教育目標：
1.為休閒產業培養具有多元文化觀的規劃與推廣人才；
2.為休閒產業培養具有多元文化觀的運動企劃與指導人才。
核心能力：
1.設計規劃休閒產品與服務活動的能力；
2.導覽解說休閒產品的推廣能力；

3.經營運動類休閒活動的能力；

4.具有創意與溝通的能力。」

其過程如**表10-7**所示，現（111學年度）休閒系四項核心能力其修訂變遷之情況可由107學年度休閒系「系務暨課程發展委員會會議」資料看到。「設計規劃休閒產品與服務活動能力」源於「完成休閒產業企畫書能力」和「設計休閒行程與活動的能力」，後雖由外部委員建議改成「設計規劃休閒產業行程與活動能力」再調整為「設計規劃休閒產品與活動能力」後才加上「服務」二字。而「導覽解說休閒產品的推廣能力」最初的核心能力是聚焦於導覽解說地方特色與文化的能力。據此，休閒系核心能力可歸納於規劃設計企劃包括產品推廣之活動或服務性活動、能解說導覽以地方性、文化特色之產品或活動為主。

表10-7 個案學校休閒系核心能力變遷

原系訂核心能力	ACCSB調整建議	彙整建議	現四項核心能力
1.完成休閒產業企畫書能力	1.設計規劃休閒產業行程與活動能力	1.設計規劃休閒產品與活動能力	1.設計規劃休閒產品與服務活動能力
2.設計休閒行程與活動的能力			
3.經營運動類休閒活動能力	3.經營運動類休閒活動（或場館）的能力	3.經營運動類休閒活動的能力	3.經營運動類休閒活動的能力
4.導覽解說地方特色與文化的能力	2.推廣休閒產品之能力	2.導覽解說的能力	2.導覽解說休閒產品的推廣能力
5.（未見第5項）	4.（另可增加品德或素養的特質）	4.具有創意與溝通的能力	4.具有創意與溝通的能力

說明：

1.摘錄改編自「107學年度休閒系（略稱）系務暨課程發展委員會」會議資料（2018年1月17日召開）

2.原表標題為「104-107學年度兩大教育目標與四種核心能力修正歷程表」

(二)個案學校休閒系核心能力

個案學校休閒系網站公布之學系所訂核心能力（2018）一直為前段所列四項，在此，休閒系學生必修的核心能力可歸納為，透過休閒服務學習體育運動類型指導、活動規劃執行、與他人溝通，亦是教師教學與學生學習之重點。

不過，若根據個案學校休閒系課程地圖，個案學校休閒系111學年度起課程地圖學系必修課程培育學生必修能力僅包括前述之前三項，即：

1. 設計規劃休閒產品與服務活動的能力。
2. 導覽解說休閒產品的推廣能力。
3. 具有創意與溝通的能力。

故休閒系全體學生必修的核心能力再可歸納為，透過休閒活動規劃與執行，服務與他人溝通，亦是教師教學與學生學習之重點，其中，運動活動場管與指導並該系學生全體須具備之核心能力。

四、個案學校休閒系核心能力與他校比較

本研究所選取之個案學校休閒系課程地圖，111學年度起課程地圖所列之核心能力包括三項：(1)設計規劃休閒產品與服務活動的能力；(2)導覽解說休閒產品的推廣能力；(3)具有創意與溝通的能力。即創意、溝通、設計規劃休閒產品、服務活動、導覽解說推廣的能力。

表10-8顯示對應前段以關鍵字所歸納之核心能力項目再彙整之結

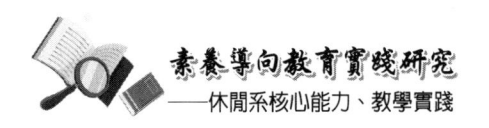

果,個案學校核心能力訂定包含和其他學校核心能力關聯的是推廣行銷、表達溝通協調導覽解說、管理活動創新企劃規劃設計、多元文化思維人文素養關懷服務等項目。和他校比較結果,個案學校核心能力關鍵字再推廣行銷能力項目有推廣、表達溝通協調導覽解說項目有溝通和導覽、在管理活動創新企劃規劃設計項目有活動和設計規劃,在多元文化思維人文素養關懷服務有服務,而「具有創意的能力」是其他各校未提及之能力項目,也是個案學校之獨特性,但若參照課程地圖所示由於個案學校休閒系隸屬文化與創意學院,「具有創意與溝通的能力」為學院課程培訓之核心能力,顯示學院共同必修課程與學系核心能力培育關聯。

表10-8 個案學校核心能力與其他休閒系核心能力比較

編號	各校彙整後核心能力項目（關鍵字）	共通部分	個案學校核心能力（關鍵字）
1	知識專業知能		
2	調查分析研究		
3	問題解決實作體驗		
4	推廣行銷		推廣
5	表達溝通協調導覽解說		溝通／導覽
6	管理活動創新企劃規劃設計		活動／設計規劃
7	多元文化思維人文素養關懷服務		服務
8	國際視野競爭力自主學習		
9	多元語文外語		
10	倫理道德思辨態度		
11	團隊合作		
12	資訊應用電腦使用		

說明:各校彙整後核心能力項目參照表10-6;個案學校休閒系核心能力參照**表10-7**。

綜整臺灣各大學休閒系的核心能力訂有知識專業知能、調查分析研究、問題解決實作體驗、推廣行銷、表達溝通協調導覽解說、管理活動

創新企劃規劃設計、多元文化思維人文素養關懷服務、國際視野競爭力自主學習、多元語文外語、倫理道德思辨態度、團隊合作、資訊應用電腦使用等項目，可以說是**臺灣各大專校院休閒學系的核心能力學生基本素養**。而專著所述之個案學校和其他學校在推廣行銷、表達溝通協調導覽解說、管理活動創新企劃規劃設計、多元文化思維人文素養關懷服務等項目有關鍵字重疊的相似處；惟個案學校核心能力是「設計規劃休閒產品與服務活動的能力」，應表示其服務以服務活動設計為主，仍需包含文化思維、人文素養關懷的內涵特質。每一個學校所訂定之核心能力不同，而個案學校聚焦於部分核心能力培育，可能與學校所在地理位置所設定之特色性不同，或依系所教師專長及長久課程經營所確定的培育學生的目標有關聯。

第十一章
探究休閒系課程——個案大學為例

- 必修課程
- 選修課程

本章以個案學校為例，說明課程從創系到現況的調整變化，亦可以探究學生核心能力學習的內容與素養養成的動向。大學課程通常分為必修與選修，必修課建立學生基礎知識、培養核心素養；選修課則增加學習彈性，學生能發展專長和拓展知識視野。本章探究休閒系課程，將分為必修課程、選修課程和課程分類三個部分說明。

一、必修課程

(一)創系初期必修課

表11-1是97年度個案學校休閒系在創系後第一次接受系所評鑑之評鑑報告表列課程。大一上學期必修課有「經濟學一」、「休閒事業概論」、「觀光導論」、「日文一」，大一下學期必修課有「經濟學二」、「會計學」、「休閒遊憩學」、「日文二」；大二上學期必修課有「企業管理一」、「統計學一」、「休閒產業管理」、「休閒運動概論」，大二下學期必修課有「企業管理二」、「統計學二」、「休閒社會學」、「運動管理學」、「服務業管理」；大三上學期有「休閒活動設計與評估」、「休閒心理學」、「休閒治療」，「解說教育」，大三下學期必修課有「休閒政策與法規」、「休閒行銷學」、「音樂鑑賞」、「研究方法」；大四上學期有「休閒人力資源管理」、「休閒產業實務實習一」、「休閒專題研討一」，大四下學期必修課有「休閒產業實務實習二」、「休閒教育與產業趨勢分析」、「休閒專題研討二」。

表11-1　個案學校休閒系創系初期之學系必修課程　　　　　（96學年度）

年級	上學期	下學期
一	經濟學一（3） 休閒事業概論（2） 觀光導論（2） 日文一（2）	經濟學二（3） 會計學（4） 休閒遊憩學（3） 日文二（2）
二	企業管理一（2） 統計學一（2） 休閒產業管理（3） 休閒運動概論（2）	企業管理二（2） 統計學二（2） 休閒社會學（3） 運動管理學（3） 服務業管理（2）
三	休閒活動設計與評估（2） 休閒心理學（3） 休閒治療（2） 解說教育（3）	休閒政策與法規（2） 休閒行銷學（3） 音樂鑑賞（2） 研究方法（2）
四	休閒人力資源管理（2） 休閒產業實務實習一（2） 休閒專題研討一（2）	休閒教育與產業趨勢分析（2） 休閒產業實務實習二（2） 休閒專題研討二（2）

說明：1.本表課程分類依照原97學年度自評報告書所列，含院必修課程科目。
　　　2.（　）內數字為該科目學分數。
　　　3.粗體字為111學年度課程計畫中已刪除之必修科目。
　　　4.日文(一)與日文(二)有基礎休閒日語課和進階休閒產業日語兩門課取代。

個案學校學系自我評鑑報告內提到休閒系的課程規劃所強調之程規劃重點，包括：

1. 重視商管基礎課程，即休閒產業基礎課程（共36學分）。
2. 重視休閒產業基礎課程與應用基礎課程（必修共34學分）。
3. 強調語文補助課程（日文必修共4學分）英日語選修課程學分數比例高（共24學分）。
4. 必選修課程可以區分「休閒遊憩」、「文化與創意」與「休閒運動與健康管理」三大領域。

這顯示，剛設立之休閒系之休閒產業基礎課程是商管相關課程為基

礎，有經濟學、會計學、企業管理等課程；而遊憩、文創和運動健康管理等課程是休閒系的核心課程，此外，英文和日文的語文課程比例高，是創系初期休閒學系課程特色。

(二)必修課程調整

表11-2是個案學校品質保證評鑑通過時期之休閒系必修課程科目表，約為2019年前後之課程情況。休閒系必修課程大一上學期有「休閒遊憩學」、「會計學」、「休閒運動概論」、「管理學」，大一下學期有「休閒心理學」、「創業概論」、「人力資源管理」、「多元文化論」；大二上學期「休閒行銷學」、「統計學」、「當代休閒議題講

表11-2　個案學校品質保證評鑑通過時期之休閒系必修課程科目　（107學年度）

年級	上學期	下學期
一	創意原理（2）院必修 會計學（2） 管理學（2） 休閒遊憩學（2）、休閒運動概論（2）	休閒心理學（2） 創業概論（2） 人力資源管理（2） 多元文化論（2）
二	統計學（2） 當代休閒議題講座（2） 休閒農業經營與規劃（2） 休閒活動設計與評估（2）	文化創意產業專題研討（2）院必修 經濟學（2）、研究方法（2） 解說與環境資源管理（2） 休閒政策與法規（2）
三	休閒專題研討一（2） 休閒產業實務實習一、二、三（9） 資料處理與分析（2）	
四	休閒專題研討二（2） 休閒產業財務管理（2）	全球產業趨勢與分析（2）

說明：1.課程根據「107學年度系務暨課程發展委員會」會議資料所列，含院必修課程科目。
　　　2.（　）內數字為該科目學分數。
　　　3.粗體字為111學年度課程計畫中已刪除之必修科目。

第十一章　探究休閒系課程──個案大學為例

座」、「休閒農業經營與規劃」、「休閒活動設計與評估」，大二下學期有「研究方法」、「經濟學」、「解說及環境資源管理」、「休閒政策與法規」；大三課程因配合學生一班分為二的產業實務實習課實施，故上下學期開課課程相同，有「休閒專題研討一」、「休閒產業實務實習」、「資料處理與分析」；大四上學期「休閒專題研討二」、「休閒產業財務管理」、「全球休閒產業趨勢分析」。在此，已經可以發現必修課不再包括語言類課程以及觀光導論等課。

由於本專著所提到的個案學校休閒系在2018年改隸屬期校內之新設文化與創意學院，故課程也有所調整。文化與創意學院之院必修課程共有四學分，其一為創意原理，另一為文化創意產業專題研討。其中，「創意原理」由學院各系自行尋找適切師資開課，而「文化創意產業專題研討」屬學院數系共同聆聽演講之講座課程，此兩門課各2學分。將107學年度課程與96學年度和111學年度的課程規劃相比較，可以看到如「創業概論」、「多元文化論」、「休閒農業經營與規劃」等部分科目在創系初期的課程與現在的學生四年修課課程計畫都未見到。

由於108學年度休閒系參與大專校院委託辦理品質保證認可，評鑑資料為105學年度至107學年度的學系運營成果，可觀察到課程的變遷調整，其中「休閒產業實務實習」在107學年度時學分數已調整為9學分，學生產業實務實習時間已需為期半年的體驗。實習課程學分數增加與實習時程便長應與教育部自102學年度起提出「第二期技職教育再造計畫」以「強化務實致用特色發展」及「落實培育技術人力角色」定位（大專校院推動學生校外實習課程作業參考手冊，2017）等政策有關。

2017年，根據教育部發函各校臺教技（三）字第1060065461號，發文日期中華民國106年5月15日一文，說明大專校院培養專業能力，使理論與實務得以相互驗證，做中學、學中做，強調大學辦理校外實習其性質屬於學校正式課程之一，「推動透過修習課程進行實務學習，進而取

得學分」，顯示臺灣高等教育在政策面以推動實作實習課程，推動「讓學生真正提升所需實務經驗與實務實習」。也因此除實習課程調整之外，專題研討課程也在學生實習期間的大三便開修習，107學年度「休閒專題研討一」在大三修習，大四上學期則接續「休閒專題研討二」學分數不變，但學生原則會在大四上學期完成專題。

學系原隸屬商業與資訊學院，然在新學院立成立時已轉隸至文化與創意學院，因此，學院必修課「創意原理」與「文化創意產業專題研討」等課程曾列為必修，顯然學系所屬學院也會影響學系課程發展。主要原因因招收學生其原本的學科基礎與學科興趣特質也有所不同。此時，休閒系之商管相關之「經濟學」、「統計學」、「會計學」由創系初期96學年度的4~6學分解已調整為2學分，以及4學分的「企業管理」也將課名改為「管理學」2學分。

(三)必修課程現況

表11-3為個案學校休閒系近年（111學年度）之必修課程表。休閒系大一上學期必修課有「會計學」、「休閒遊憩學」、「管理學」、「休閒運動概論」、大一下學期必修課有「休閒服務學習」、「急救訓練」、「休閒心理學」；大二上學期必修課有「統計學」、「當代休閒議題講座」、「解說與環境資源管理」、「休閒行銷學」、大二下學期必修課有「經濟學」、「休閒政策與法規」、「活動設計與評估」、「研究方法」；大三有「休閒產業實務實習」和「資料處理與分析」；大四上學期有「休閒產業財務管理」、「休閒專題研討(一)」；大四下學期必修課有「全球產業趨勢與分析」、「休閒專題研討(二)」。

休閒系仍隸屬文化與創意學院，學院必修課程包括「創意原理」與「文化創意產業專題研討」兩門課，各佔二學分。為掌握各系學習內涵

第十一章　探究休閒系課程——個案大學為例

表11-3　個案學校休閒系必修課程科目現況　　　　　　　　　　（111學年度）

年級	上學期	下學期
一	創意原理（2）院必修 會計學（2） 管理學（2） 休閒遊憩學（2） 休閒運動概論（2）	休閒心理學（2） 休閒服務學習（2） 急救訓練（2）
二	統計學（2） 當代休閒議題講座（2） 解說與環境資源管理（2） 休閒行銷學（2）	文化創意產業專題研討（2）院必修 經濟學（2）、研究方法（2） 休閒政策與法規（2） 活動設計與評估（2）
三	休閒產業實務實習一、二、三（9） 資料處理與分析（2）	休閒產業實務實習一、二、三（9）
四	休閒產業財務管理（2） 休閒專題研討一（2）	全球產業趨勢與分析（2） 休閒專題研討二（2）

說明：1.本表課程分類依照原97學年度自評報告書所列，含院必修課程科目。
　　　2.（　）內數字為該科目學分數。

與特徵，「創意原理」由各系自行尋找適切師資開課；而「文化創意產業專題研討」課則由數系共同上課之講座課程，學院必修課課程運作和學生學習方式並未改變。

　　至於必修課程除「休閒產業實務實習」為9學分外，餘其他科目皆為2學分課程。「休閒產業實務實習」將一班學生分為二，二分之一的學生於上學期實習，採全學其餘實習單位上班工作的實務體驗課程，而另二分之一的學生在未參與實習之學期則留在校選課上課。換言之，班上有約一半學生於下學期參與實習。由此課程計畫可知，本研究個案學校休閒系學生「休閒產業實務實習」為必修課程，且必須完成一整個學期的實習課程修課，是學生學習重要須完成的課程科目。

　　另外，休閒專題研討分為「休閒專題研討(一)」2學分和「休閒專題研討(二)」2學分，故為上下學期延續之四學分課程。另外，休閒專題研討實際上為專題課程，上課方式採小組授課課，由學生自行選擇指導教

師。目前，休閒系專題研討成果呈現方式允許較為多元，可以辦展覽、參加競賽、行動研究，或調查、查訪問卷式研究，但無論何種方式，最終皆須繳交書面資料，並以口頭報告方式，小組學生必須完成由學系以外之校內外教師審查通過始能獲得學分。

以上，個案學校休閒系必修課程，像是「觀光導論」、「休閒社會學」、「運動管理學」、「音樂鑑賞」、「服務業管理」等科目在現在學生四年修課課程計畫已不復見。

另部分於96學年度的課程科目名稱，若與現今（111學年度）的課程對照，則屬於科目名稱調整變更，在學習內容上可能較為聚焦、擴散或者類似，例如「企業管理」調整為「管理學」不再強調「企業」二字；而產業趨勢分析關聯科目由「休閒教育與產業趨勢分析」變更調整為「全球休閒產業趨勢與分析」，此外，解說關聯的課程亦由「解說教育」調整為「解說與環境資源管理」，而96學年度的必修課「休閒人力資源管理」在111學年度的課程規劃除更名為「人力資源管理」並且已調整為選修課程。

課程學分數變化較大的部分應該是學分數，96學年度課程「經濟學」共計6學分、其他「會計學」、「企業管理」、「統計學」都為4學分課程，然111學年度的現況則這些科目皆僅各2學分，顯示學科和商管性質的課程學習量減少，但「休閒產業實務實習」由4學分現已調整為9學分，離開學校實作的產業實習課程其學習學分數已增加一倍以上。

目前現行之課程計畫含課程地圖經由課程委員會（2022年10月5日）校外諮詢委員、業界及校友代表並未針對必修課程表示意見；而學界委員表示「整體課程規劃符合學系之教育目標和核心能力培養，並且符合職場就業趨勢」（摘自「111學年度第1學期各級課程委員會校外諮詢委員意見表」，2022），可見現階段課程將暫時穩定保持不變。即休閒系大一上學期必修課有「會計學」、「休閒遊憩學」、「管理學」、

「休閒運動概論」、大一下學期必修課有「休閒服務學習」、「急救訓練」、「休閒心理學」；大二上學期必修課有「統計學」、「當代休閒議題講座」、「解說與環境資源管理」、「休閒行銷學」、大二下學期必修課有「經濟學」、「休閒政策與法規」、「活動設計與評估」、「研究方法」；大三有「休閒產業實務實習」和「資料處理與分析」；大四上學期有「休閒產業財務管理」、「休閒專題研討(一)」；大四下學期必修課有「全球產業趨勢與分析」、「休閒專題研討(二)」。以上必修課除「休閒產業實務實習」為9學分外，餘其他科目皆為2學分課程。

二、選修課程

(一)創系初期選修課

如表11-4、表11-5創系初期96學年度，根據自我評鑑報告書資料（p.46）系定之選修課程，大一下有「休閒事業永續發展」、「旅遊醫療」、「資訊科技應用」；大二上有「基礎專業英文一」、「基礎專業日文一」，大二下有「休閒電子商務」、「基礎專業英文二」、「基礎專業日文二」；大三上學期選修課程有「財務管理」、「酒類品賞」、「消費者行為」、「中階專業英文一」、「英語溝通與表達一」、「中階專業日文一」，大三下學期的選修課有「休閒產業經營特論」、「國際禮儀」、「人類發展與老化」、「中階專業英文二」、「英語溝通與表達二」、「中階專業日文二」；大四上的選修課有「企業倫理」、「青年醫藥知識」、「畢業論文一」、「休閒產業資訊系統」、「情境英文」、「情境日文」；大四下學期有「畢業論文二」。

表11-4　個案學校休閒系創系初期選修課程　　　　　　　　　　　　　　（96學年度）

年級	上學期	下學期
一		休閒事業永續發展（3） 旅遊醫療（2） 資訊科技應用（2）
二	基礎專業英文一（2） 基礎專業日文一	休閒電子商務（2） 基礎專業英文二（2） 基礎專業日文二（2）
三	財務管理（2） 酒類品賞（2） 消費者行為（2）	中階專業英文一（2） 英語溝通與表達一（2） 中階專業日文一（2）
四	企業倫理（2） 青年醫藥知識（2） 畢業論文一（1） 休閒產業資訊系統（2） 情境英文（2） 情境日文（2）	畢業論文二（1）

說明：1.根據96學年度自我評鑑報告書資料整理。
　　　2.（　）內數字為該科目學分數。
　　　3.粗體字為111學年度課程計畫中已無之課程科目。
　　　4.企業倫理，111學年度課名為「企業社會責任」。

表11-5　個案學校休閒系創系初期選修模組課程　　　　　　　　　　　　（96學年度）

年級	遊憩	運動
一		
二	休閒農業經營管理（2）	運動場館規劃與管理（2） 運動鑑賞（2）
三	森林遊樂區經營管理（2）	體適能管理（2） 運動俱樂部經營管理
四	水域休閒遊憩（2） 環境影響評估（2） 民宿及休閒度假村經營管理（2）	急救訓練（2）

說明：1.根據96學年度自我評鑑報告書資料整理。
　　　2.（　）內數字為該科目學分數。
　　　3.粗體字為111學年度課程計畫中已無之課程科目。

第十一章 探究休閒系課程——個案大學為例

除「休閒事業永續發展」為3學分,「畢業論文一」與「畢業論文二」各1學分,其餘科目皆為2學分。

創系初期選修課程列有不少英日語選修課程,課程科目列於學系選修表示由學系自行開課,也表示學系專業養成重視外語能力;英語部分由基礎專業一、基礎專業二、中階專業一、中階專業二、英語溝通與表達一、英語溝通與表達二、情境英文,共達14學分,而日文也有基礎專業一、二和中階專業一、二,也有「情境日文」,共計10學分,這些課程若多能開成,則表示學生能在大學期間透過課程科目,有學習外語的機會。

(二)選修課程變化

107學年度課程規劃列出之選修科目非常的多,選修課程科目分為共同選修和原住民文化類選修科目,另有模組課程(**表11-6**)。

大一上有「國際文化習俗與禮儀」、「輕航機概論與實務」、「基礎休閒日語」,大一下學期有「基礎休閒英語」、「休閒服務學習」、「分子料理」、「急救訓練」、「休閒企業參訪」;大二上有「旅遊醫學」、「休閒資訊與多媒體運用」、「休閒職場職能」、「人際關係與溝通技巧」、「無人機應用」、「進階休閒產業日語」,大二下學期有「進階休閒產業英語」、「森林及自然資源經營學」、「自然保護區經營」、「航空服務」;大三上、下學期各有「企業社會責任」、「海洋生態旅遊」、「海外研習」,大四上學期有「休閒社會學」、「休閒教育與治療」、「高階休閒產業日語」,大四下學期有「高階休閒產業英文」、「休閒電子商務」、「休閒職涯發展」。

在107學年度「入學學生必修科目濟選修課程表」的選修課程中有「原住民文化類」選修課程,此部分課程是因應休閒系原設有原住民專

班而曾經有專班生的課程設計。

學分分配上比較特別的是「輕航機概論與實務」、「分子料理」、「休閒職場職能」三科目各為1學分。

表11-6　個案學校品質保證評鑑通過時期之休閒系選修課程科目　（107學年度）

年級		上學期	下學期
一	共同	國際文化習俗與禮儀（2） 輕航機概論與實務（1） 基礎休閒日語（2）	基礎休閒英語（2） 休閒服務學習（2） 分子料理（1） 急救訓練（2） 休閒企業參訪（2）
	原民	臺灣原住民文化概論（2） 原住民樂舞（2）	文化創意設計與規劃（2） 臺灣原住民文化與社會組織研究（2）
二	共同	旅遊醫學（2） 休閒資訊與多媒體運用（2） 休閒職場職能（2） 人際關係與溝通技巧（2） 無人機應用（1） 進階休閒產業日語（2）	進階休閒產業英語（2） 森林及自然資源經營學（2） 自然保護區經營（2） 航空服務（2）
	原民	文化空間經營管理與策略（2） 地方文化館（2）	創意城市與文化景觀（2）
三	共同	企業社會責任（2） 海洋生態旅遊（2） 海外研習（2）	
	原民	原住民鄉土文化（2） 原住民圖像（2）	原住民鄉土文化（2） 原住民圖像（2）
四	共同	休閒社會學（2） 休閒教育與治療（2） 高階休閒產業日語（2）	高階休閒產業英文（2） 休閒電子商務（2） 休閒職涯發展（2）
	原民	文化展演與實作一（2） 特殊節慶與文化活動規劃（2）	

說明：1.根據107學年度休閒產業管理學系系務暨課程發展委員會會議資料中「107學年入學學生必修科目暨選修課程表」整理。
　　　2.（　）內數字為該科目學分數。
　　　3.粗體字為111學年度課程計畫中已無之課程科目。
　　　4.原民：指原住民專班課程，一般學生亦可選修。

選修之模組課程，有休閒文創規劃模組和遊憩運動規劃模組。休閒文創規劃模組修習之課程包括，「節慶及文化活動規劃」、「生活美學與文化創意產業」、「文化資產與社區營造」、「民宿經營管理規劃」、「休閒創意規劃」、「休閒農業體驗」、「休閒資源與環境規劃」、「會議展覽管理」、「油輪運營管理」、「永續發展」、「渡假村規劃」、「休閒與服務科學」，共計12門課。遊憩運動規劃模組修習課程包括，「體驗教育活動設計與實務」、「樂齡休閒體適能指導」、「冒險運動」、「運動管理學」、「運動裁判概論與實務」、「健身運動指導法」、「水域遊憩規劃與活動」、「球類運動指導」、「運動健身產業經營管理」、「幼兒體能律動指導」、「運動媒體與公關」、「運動贊助與賽會管理」、「運動場館規劃與管理」，共計13門課。

(三)選修課程現況

根據個案學校休閒系「111學年度新生適用課程計畫表」之課程規劃學系必修選修課程科目名稱在學生大一上學期可修習之選修科目列有，「基礎休閒日語」、「國際文化習俗與禮儀」、「健身運動指導法」、「特殊節慶與文化活動規劃」，大一下學期有「人力資源管理」、「多元文化論」、「基礎休閒英語」、「冒險運動」、「運動傷害防護」、「水上活動與安全指導」、「環境產業」、「生活美學與文化創意產業」；大二上學期選修課程列有「旅遊醫學」、「體驗教育活動設計與實務」、「休閒職場職能」、「休閒創意規劃」、「休閒農業經營與規劃」、「幼兒體能發展指導」、「進階休閒產業日語」、「運動裁判概論與實務」，大二下學期選修課程列有「自然保護區經營」、「兒童遊戲設計與指導」、「球類運動指導」、「進階休閒產業英語」、「休閒資源與環境規劃」；大三上學期選修課程列有「民宿經

營管理規劃」、「樂齡體適能指導」、「企業社會責任」、「會議展覽管理」、「海外參訪」、「海外研習」、「運動健身產業經營管理」；大四上學期選修課列有「永續發展」、「休閒社會學」、「森林及自然資源經營學」、「休閒電子商務」、「運動場館規劃管理」、「運動贊助與賽會管理」、「運動媒體與公關」、「創業實務」。以上所有科目皆為2學分。

以上課程包括，日語的課程和「人力資源管理」、「多元文化論」、「休閒農業經營與規劃」、「休閒社會學」等課程科目是曾在休閒系課程規劃上列為必修之科目。

至於模組選修課程111學年度時，有休閒文創規劃模組和遊憩運動企劃模組（**表11-7**）。其中，休閒文創規劃模組修習之課程包括，「特殊節慶及文化活動規劃」、「生活美學與文化創意產業」、「休閒創意規劃」、「休閒資源與環境規劃」、「自然保護區經營」、「民宿經營管理規劃」、「會議展覽規劃」、「森林及自然資源經營學」、「永續

表11-7　個案學校休閒系選修模組課程現況 （111學年度）

年級	休閒文創規劃模組	遊憩運動企劃模組
一	特殊節慶與文化活動規劃（2） 生活美學與文化創意產業（2）	健身運動指導法（2） 運動傷害防護（2） 水上活動與安全指導（2）
二	休閒創意規劃（2） 自然保護區經營（2） 休閒資源與環境規劃（2）	體驗教育活動設計與實務（2） 運動裁判概論與實務（2） 幼兒體能律動指導（2） 球類運動指導（2）
三	民宿經營管理規劃（2） 會議展覽管理（2）	運動健身產業經營管理（2） 樂齡體適能指導（2）
四	永續發展（2） 森林及自然資源經營學	運動媒體與公關（2） 運動贊助與賽會管理（2） 運動場館規劃與管理（2）

說明：1.根據S大休系系網課程規劃「111學年度入學學生模組選修課程表」整理。
　　　2.（　）內數字為該科目學分數。

發展」以上課程皆為2學分，共計九門課。另外，遊憩運動規劃模組修習課程包括，「健身運動指導法」、「水上活動與安全指導」、「運動傷害防護」、「幼兒體能發展指導」、「體驗教育活動設計與實務」、「運動裁判設計概論與實務」、「兒童遊戲設計與指導」、「球類運動指導」、「運動健身產業經營管理」、「樂齡體適能指導」、「運動贊助與賽會管理」、「運動媒體與公關」、「運動場館規劃與管理」，共計13門課。

模組課程中另設有模組必修課，但每學年入學新生課程計畫，必修科目可能根據師資和學生選課狀況予以調整。

表11-8　個案學校休閒系選修課程現況　　　　　　　　　　（111學年度）

年級	上學期	下學期
一	基礎休閒日語（2） 國際文化習俗與禮儀（2） 健身運動指導法（2） 特殊節慶與文化活動（2）	人力資源管理（2） 多元文化論（2） 基礎休閒英語（2） 冒險運動（2） 運動傷害防護（2） 水上活動與安全指導（2） 環境產業（2） 生活美學與文化創意產業（2）
二	旅遊醫學（2） 體驗教育活動設計與實務（2） 休閒職場職能（2） 休閒創意規劃（2） 休閒農業經營與規劃（2） 幼兒體能發展指導（2） 進階休閒產業日語（2） 運動裁判概論與實務（2）	自然保護區經營（2） 兒童遊戲設計與指導（2） 球類運動指導（2） 進階休閒產業英語（2） 休閒資源與環境規劃（2）
三	民宿經營管理規劃（2） 樂齡體適能指導（2） 企業社會責任（2） 會議展覽管理（2） 海外參訪（2） 海外研習（2） 運動健身產業經營管理（2）	

(續)表11-8　個案學校休閒系選修課程現況　　　　　　　　　　（111學年度）

年級	上學期	下學期
四	永續發展（2）、休閒社會學（2） 森林及自然資源經營學（2） 休閒電子商務（2） 運動場館規劃與管理（2） 運動贊助與賽會管理（2） 運動媒體與公關（2） 創業實務（2）	

說明：1.根據「111學年度新生適用課程計畫表」整理。
　　　2.（　）內數字為該科目學分數。

表11-9　個案學校休閒系選修模組課程現況　　　　　　　　　　（111學年度）

年級	休閒文創規劃模組	遊憩運動企劃模組
一	特殊節慶與文化活動規劃（2） 生活美學與文化創意產業（2）	健身運動指導法（2） 運動傷害防護（2） 水上活動與安全指導（2）
二	休閒創意規劃（2） 自然保護區經營（2） 休閒資源與環境規劃（2）	體驗教育活動設計與實務（2） 運動裁判概論與實務（2） 幼兒體能律動指導（2） 球類運動指導（2）
三	民宿經營管理規劃（2） 會議展覽管理（2）	運動健身產業經營管理（2） 樂齡體適能指導（2）
四	永續發展（2） 森林及自然資源經營學（2）	運動媒體與公關（2） 運動贊助與賽會管理（2） 運動場館規劃與管理（2）

說明：1.根據S大休系系網課程規劃「111學年度入學學生模組選修課程表」整理。
　　　2.（　）內數字為該科目學分數。

以上，創系初期（96學年度）也有所謂專業群組選修課程，並未有所謂模組課程，但在評鑑報告書內仍將共同選修課程外仍另將課程分為「遊憩」與「運動」兩部分，其中，「遊憩」的選修課程有「休閒農業經營管理」、「森林遊樂區經營管理」、「水域休閒遊憩」、「環境影響評估」、「民宿及休閒度假村經營管理」共計5科目、10學分；而

「運動」的選修課有「運動場館規劃與管理」、「運動鑑賞」、「體適能管理」、「運動俱樂部經營管理」、「急救訓練」也是共計5科目、10學分。根據96年系所自評報告書資料提到，學系當時開始擬規劃「文化」相關選修課程，而列出了「臺灣文化發展」、「人文觀光」、「文化產業管理」、「外國文化習俗」四科。

在107學年度「入學學生必修科目濟選修課程表」的選修課程中有「原住民文化類」選修課程為因應原住民專班之課程設計，由於專班招生狀況不佳，109學年度的學生四年課程計畫表便已撤除此模組課程，因此在「111學年度新生適用課程計畫表」也已經為原住民文化類選修課程。

111學年度課程計畫之「自然保護區經營」、「會議展覽規劃」、「森林及自然資源經營學」、「永續發展」在休閒文創規劃模組課程科目中並未出現；「運動傷害防護」、「運動裁判設計概論與實務」、「兒童遊戲設計與指導」三門課在107學年度時的休閒系遊憩運動規劃模組課程中並未出現。

無論如何，選修課則表示不一定會開課，近年由於招生困難，學生數減少，學校也會採取學系限縮開課學分數策略，然為了讓學生能順利修畢模組課程，因此，學系通常會採模組選修課優先開課，其中模組選修課程中的模組必修課較能順利開課，其他選修課也往往因為選課人數不足可能關課。

三、課程分類

(一)根據基礎、核心和總整課程分類

大學課程設計與學生核心能力培養有密不可分之關係，大學課程宜採多元化學習需求，課程設計在學校經營對大學生核心能力影響上產生中介效果（簡瑋成，2017）；財團法人高等教育評鑑中心基金會（2021）公布「評鑑觀察-學生核心能力訂定」，學生核心能力開設課程，且學生核心能力對應開設的課程宜包含必修課程。

個案學修休閒系隸屬文化與創意學院，該學院之院級必修課程共有兩門，一為「創意原理」，另一則為「文化創意產業專題研討」（講座課），講座課程由院內數個系集體共同上課，每週邀請不同講者到校講演，而「創意原理」課則由各系開設屬於學系特性的創意原理課。

圖11-1為本研究依據休閒系必修課程分類，以下針對分類的方式進行說明。

休閒系學生排除學校共同必修課，應修習之基礎課程指基礎理論和基本能力，「會計學」、「經濟學」、「管理學」。其中，休閒系因隸屬文化與創意學院院必修課「創意原理」亦為休閒產業管理學系基礎課程。此外，休閒系學習包含辦理活動等特性，因此基本之「急救訓練」和開設於大學低年級之「研究方法」本研究也將其分類為基礎課程。

核心課程是學系獨具特點的課程，本研究者基於學系課程計畫將「休閒遊憩學」、「休閒服務學習」、「休閒運動概論」、「休閒心理學」、「休閒政策與法規」、「休閒活動設計與評估」、「資料處理與

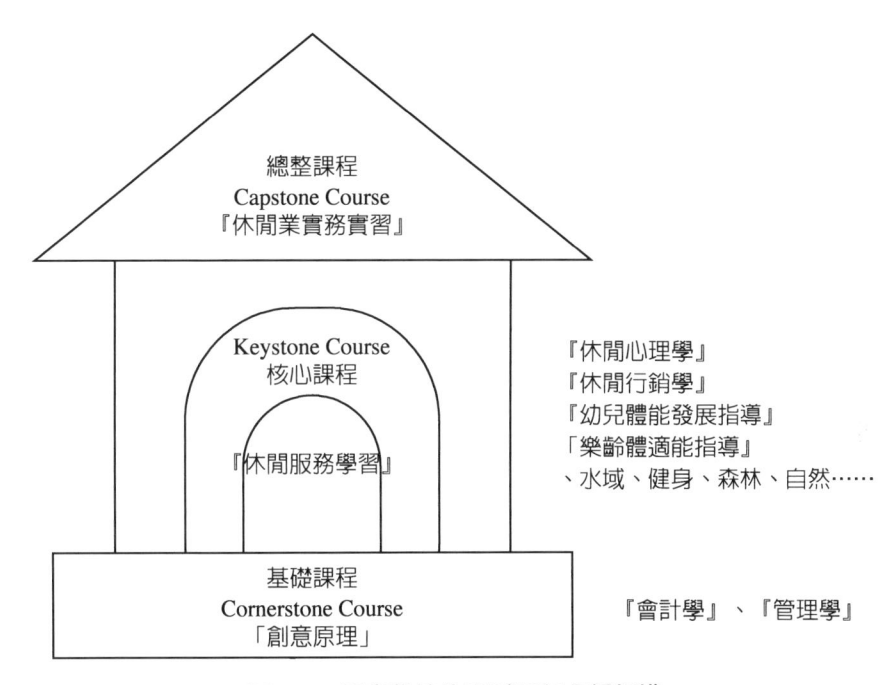

第十一章 探究休閒系課程——個案大學為例

```
         總整課程
      Capstone Course
      『休閒業實務實習』


   Keystone Course          『休閒心理學』
     核心課程               『休閒行銷學』
                            『幼兒體能發展指導』
                            「樂齡體適能指導」
   『休閒服務學習』          、水域、健身、森林、自然……


      基礎課程
   Cornerstone Course        『會計學』、『管理學』
     「創意原理」
```

圖11-1　個案學校休閒系課程分類架構

分析」「全球休閒產業趨勢分析」、「文化創意產業專題研討」等課程歸納為學系核心課程。

總整課程應該具有「整合性」能綜整大學學習，是學生檢討自己學到什麼、那些還不足的反思機會，且是連結大學到大學畢業後生涯準備的過渡時期，故本研究者將「休閒產業實務實習(一)」、「休閒產業實務實習(二)」、「休閒產業實務實習(三)」、「休閒專題研討(一)」、「休閒專題研討(二)」等課程列為總整課程。

但其實學系課程設定之學習內容與目標即為培養學生無論是進行服務性質參與或執行推廣活動，學生能發揮創意去設計、規劃、導覽、解說休閒的產品與休閒活動，換言之，想點子設計創意活動、要面對人，服務他人、為了推廣要能解說表達，透過大學四年體驗實習實作是個案

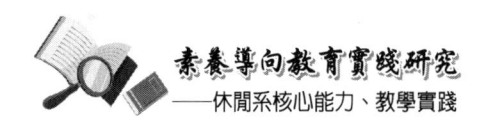

學校休閒系核心能力的特徵。

(二)創系初期實務實習場域

　　表11-10為個案學校休閒系創設初期的實習單位，實習單位雖然包括博物館、文化園區、運動俱樂部、育樂渡假村、農場、觀光飯店等，這些實習單位直至110和111學年度都還保留，但對比第六章**表6-7**個案學校休閒系學生實習單位現況，就可以發現休閒系實習單位以不復見旅行社的實習，而增加了較多的運動相關產業實習，文化創意規劃公司之實習單位，顯示學生課程學習內容易有調整。

第十一章　探究休閒系課程──個案大學為例

表11-10　個案學校休閒系創系初期實習單位　　　　　　　（94、95學年度）

94學年度	95學年度
【海外】	【海外】
北海道黑松內○○○森林自然學校	北海道黑松內○○○森林自然學校
【博物館、文化園區】	【博物館、文化園區】
兒童交通博物館	國立臺灣美術館
國立自然科學博物館	海景世界企業股份有限公司
水里蛇窯陶藝文化園區	水里蛇窯陶藝文化園區
	○○國家風景區管理處
【運動俱樂部】	【運動俱樂部】
○○高爾夫鄉村渡假俱樂部	○○滑水俱樂部
【育樂、渡假村、農場】	【育樂、渡假村、農場】
○○○育樂（清水服務區）	○○○育樂有限公司
○○○世界（遊樂園）	壽山動物園
○○開發股份有限公司（渡假村、樂園）	清境農場
悠活度假村	雪霸休閒農場
墾丁○○渡假村	恆春生態休閒農場
清境農場	棲蘭明池森林遊樂區
○○鄉愛鄉協會	
恆春生態農場	
福壽山農場	【旅行社】
	○○○旅行社
	○○旅行社
	○○旅行社
【觀光飯店】	【觀光飯店】
○○大飯店	○○大飯店
墾丁○○大飯店	○○海洋公園-○○大飯店
臺南○○○○酒店	臺南○○○○酒店
○○○大酒店	墾丁○○大飯店
	墾丁○○沙灘飯店
	○○大飯店
	○○○○酒店
	翡翠灣○○渡假飯店
	臺北○○酒店

說明：1.實習單位之資料取自96年度系所自我評鑑報告書（p.52-53），根據資料重新分類實習單位。
　　　2.實習單位除地理地名名稱或大型知名企業，餘實習單位名稱以○代替標註。

第十二章
科目課程教學實踐之素養培育歷程

- 創意原理課程教學
- 學生學習核心能力
- 教師教學反思檢討

本章以單一科目之課程為例，列舉說明學校教師擬透過教學行動達成實踐素養導向之教育目標。列舉之課程名稱為創意原理，主要是多數教育理念接期望學生學習能訓練加強學生創意思考，而文化創意課程曾經是呼應國家發展政策推動所新興的大學專業學系或一門課程。本章選取個案學校休閒系之創意原理課程為例，說明培育學生素養教師如何構思課程內容。

一、創意原理課程教學

臺灣在2000年代受到英國創意產業納入國家政策之影響，也透過政策引導、法制化與專責機構之設立而推動文化創意產業，在大學亦開始設立相關學系與課程。

2001年，國立臺北藝術大學成立文化資源學系；2002年臺灣文建會提出一系列與文化相關的國家發展政策，「文化創意」一詞迅速擴散為眾所知。為加強推動文化創意產業發展，政府有頒定文化產業計畫，設置創意文化園區，2005年國立屏東大學成立臺灣文化產業學系，「文化」、「創意」與「產業」變連結成一個新興詞彙，在臺灣學界也開始翻譯、撰著相關著作與教科書；個大學也創設相關學院、學系或是增設相關課程科目。同時期同時興盛的是內容產業，即數位化、多媒體技術等運用資訊資源創作、開發，並與消費產品和服務產業結合，另亦結合科技與在地文化，讓文化與創意深植於民眾日常生活，提升美感教育普及化等素養。

第十二章　科目課程教學實踐之素養培育歷程

(一)課程規劃

教師設計課程通常包括瞭解課程必要之內容並予以統整，然後在建構課程內容與實施步驟。以下為教師安排教學之步驟模式：

◆統整歸納課程所需

包括一門課應該包含哪些內容，學生需要、想要與必要學習些什麼，是教師準備教授一門課統整課程所需的第一步驟。大學教師設計課程與課程內容，雖然有較大的自主性，但一般來說必須呼應能符合課程名稱，因此既為創意原理課則應該以教導學生認識創意生成的方法基礎以形成原理性，然在個案學校的創意原理課因設置學系專班，故教師亦得配合專班學習學生特色，著力於課程特色之經營；後政府開始推動地方創生政策，教育部也開始鼓勵地方創生USR同時，教師也就相應學校地理位置、文化資源與環境的特殊性，融會補充於課程學習內容。換言之，課程內容並非一成不便，會隨著社會變遷與發展趨勢或政策推動的影響，教師為了加強學生素養將調整課程。

個案學校「創意原理」課程緣起於休閒系編制改於文化與創意學院，即2007年學校創設文化與創意學院之學院必修課，也等於是休閒學系大一上學期學必修課程。課程內容與程度再設計課程之考量上必須配合年級，故由於本書所列休閒學系之創意原理課程設於大學一年級新生剛入學之課程，顯然必須視其為基礎課程。

◎教學目標與課程設計

前述，個案學校休閒系核心能力包括：設計規劃休閒產品與服務活動的能力、導覽解說休閒產品的推廣能力、具有創意與溝通的能力。

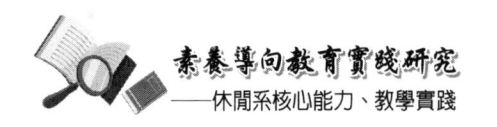

因此，很明顯地具有創意能設計、能夠表達與進行解說是休閒系重要能力，由課名來看「創意原理」課程本身就很符合培育學生核心能力的重要課程。

教師設定創意原理教學目標，包括：

1. 能瞭解創意如何生成方法，而能準備創意工作之執行。
2. 學生能思考自己的志向找到增進相關創意的方向，培養審視其相關事與物的功能與「美感」。
3. 學生能解析休閒關聯之創意，並以口語文書能表達自己的創意點子。

在此可以得知，對於一年級新生的創意原理課，授課教師並未設定要求學生完成創意產品或將創意解決生活問題的實作成果完成，僅限定於激發多思考、多想，並勇於口語表達或留下書面資料，讓學生在學系未來課程中能再加強修改運用且精進其內容。此外，為促進大一新生能和其他同學互動適應新的人際，課堂校內的資源運用與取材，以及同儕間互通材料的有無，也能認識校園，建立同儕間友誼。

◆建構課程學習內容

「創意原理」課程的運作最佳情況則是結合「想」與「做」，如於課堂實施則安排同伴同儕間有討論和腦力激盪的機會，會使課堂較為有活力。因此，無論是個別習作或分組討論、問題解決的教學方式是可行的。

◎引導部分

根據過往教學經驗，在課堂發問性的調查發現，許多學生會認為創意是天生的，「有些人天生就有好多點子和想法」學生會這麼說，故

第十二章　科目課程教學實踐之素養培育歷程

此將成為課程進行的心理阻礙，學生會對此門課的學習容易產生消極態度。因此，第一堂的課程教師與學生討論創意是否是先天的？創意是否可以培養。閱讀A Technique for Producing Ideas一書，提示學生「創意是可以培養的」。教師選定由廣告大師楊傑美（James Webb Young）所著之『A Technique for Producing Ideas』一書（中譯本由經濟新潮社出版，書名為「創意的生成」副題為「How do you get ideas?」），透過教師摘錄內容的檢討，教師提示作者所歸結創意可如何生成的結論為何，鼓勵同學要學習~創意是可以學習的。在此必須說明，若其他教師將教受這門課得選擇其他引導教材。

我的志願~如何規劃與培力的思考回應是課程進行初期的回家作業。心理學家阿德勒提過18歲後就應該經常思考自己未來的工作。過往是請學生回家寫文字紙本作業，這兩年教師將表單完進行方式改先以表單問卷設計由學生填寫表單，有助於教師可直接檢視EXCEL報表，瞭解學生志向職業與能力內容。教師次週課堂公布全班所寫之志向，咖啡師、運動指導員、運動防護員、活動規劃師、社工……等，並針對各項職業或工作進行介紹。教師並讓學生試行簡版之Holland職涯興趣測驗，並解說該測驗之興趣分類觀點，雖然學生在高中生涯規劃課應該都施行過此測驗，不過，教師認為學生高中生學志願往往受到學也科目或學業成績，甚至家長期待下而有所限制，因此利用大一新生課程再次解說興趣與未來職涯關聯，可以促使學生重新或再一次地思索未來職涯發展的方向。

◎核心內容

即一系列與創意有關的原理，包括由聯想、擴大思考、聚斂資料予以歸納、將構想能以圖示表現出來、解說學生自己的作品、以點和線構圖、上色、空間配置、攝錄影、製作學習履歷紀錄等活動。教師課堂運用簡單的聯想、分類、線條或點構圖、色彩搭配，物的擺置取景，培養

審視事與物的功能與「美感」。例如，對空間配置所採取的教學說明方法，在花道的世界，於插花技術需要考慮花材、器具之外，也需要考量空間風格，即與環境空間相呼應的精神，花的線條包括高低配置，天地人、主枝、副枝、生花、盛花等，對於空間布局美學的展現。

產品檢視、通用設計簡介、模擬創意產品發想，課程最後透過通用設計概念的介紹，同學們能將創意構想與產品的發明進行檢討。教師引領同學認識日常生活用品、設計之「通用設計」的考察，讓學生思考產品是否有「愛」，是否考量任何人都能使用、使用方法是否簡單易懂、使用錯誤也不易造成傷害，或是考量經濟、環保、美觀等。此外，透過廣告詞的「欣賞」，認識行銷產品時的訴求與巧妙文案，學生也學著說故事與蒐集分享各類產品的文案。透過這些單元學習，教師設計了休閒系的創意原理課程的教材教法。

◆安排「經驗」學習

教學策略上需要安排實作與實訪記錄。休閒學系的創意原理也是為了實踐「玩」「美」生活。因此，大一新生的課程可以鼓勵學生在生活上加點兒趣味、加點設計，無論是寫下來、畫下來、拍下來，生活上有很多點點滴滴可以試著去利用文字與語彙去描述你所觀察到的景象或紀錄你所體驗過的經驗與感想。

另外，教師帶領學生走出校外到校區周圍鄉鎮探訪，邀請社區大學教師進行鄉鎮導覽與城鎮故事之介紹。課程單元「我的家鄉」讓來自同一地區的同學們一組，由於是生長生活了十八年（大一學生大多18歲）的地方非常熟悉，以某當地人的身分將自己家鄉的特色探索、介紹推薦，一個班有來自全臺不同的地方，臺北人介紹臺北、在地的高雄或旗山、內門、美濃人可以介紹高雄，僑生也能介紹僑居地，同學必須介紹自己家鄉地方史、美景、美食，或者介紹交通、遊程安排設計。

第十二章　科目課程教學實踐之素養培育歷程

回到校園後以「地方創生」為主題，同學們討論發表自己家鄉的食衣住行育樂；並與大學所在地之相關資訊做比較，教師也提供引導學生查詢資料庫和課堂解說地方特色、國外以地方創生的產品開發案例。

◆重視學生學習有能感

休閒系核心能力包括「導覽解說休閒產品的推廣能力」，同學間有了交流和認識彼此成長環境的機會，不但要製作PPT也要用口頭講述清楚。

學生可以為自己的作品，思考的點子、拍錄照片或影片、發明物（產品）、家鄉的介紹、遊程等題名命名；全班在野能在欣賞彼此的成果，並針對主題、素材、內容予以簡單說明之。

二、學生學習核心能力

附錄12-1舉例列出學生於學習報告心得中所摘錄之文字，將依照文字內容與對應核心能力分類列表。

(一)核心能力1：管理活動創新企劃規劃設計

學生能藉由課程學習瞭解創意產生的程序和領悟到與生活連結，學生有感而發表示「創造力在我們生活中扮演著不可或缺的角色（1-4）」，透過聯想、思考、構圖、擺置等，因此學生瞭解到創意原理的基礎，也能說出「創意如何生成，蒐集 →吸收整合→刺激→創意（1-2）」，以及「創意產生分成四個階段，準備、醞釀、豁朗、驗證（1-

3）」，已有學生能瞭解創意如何生成，準備工作與方法。

此外，學生表示發現了只要隨筆畫上線條也能製作出美麗的圖，因此表示「原來簡單的線條構圖也能很複雜又好看！（1-7）」，事實上，這是產生創意作品的基本原理之一。然後，在作品上也發現「加上上色，整個畫面感看起來又不一樣了！（1-6）」。

大一的課程教師通常期待引起學生學習興趣，對於自信心不足之學生也希望運用課堂活動能讓學生理解到實際參與去做的重要性，因此學生若能領略「會提起興趣，然後思考與發散，結出成果（1-1）」、「透過這堂課，讓我知道努力學習，也是可以增加創意。（1-11）」，則能增加有能感。而對未來有了期望，像是「生活上的不便利使自己想出了這個產品，希望未來能夠真正有這樣便利的東西，帶來人類更大的便利性。（1-14）」學生透過體驗性的實作課，懂得活用小物、藉由作業實現心中構想。

學生透過基礎課程創意原理的學習，領悟創造力重要性，創意產生有可依循的步驟，透過一些元素的加入，經由思考產生結果，未來有為人類生活創造便利性的規劃理想。

(二)核心能力2：多元文化思維人文素養關懷服務

大學生活對學生來說是一個不同的開始，多數同學離開家鄉求學，開始住校學習照顧自己，開始認識新的同學，開啟新的人際關係。「我的故鄉作業裡，……離開熟悉的環境後，思念才更能清晰地描繪出故鄉的面貌，回憶起的都是美好」（2-4）。

儘管同學間都選擇了休閒系，看似未來志向相同，然卻能發現同學間志向不盡相同，能從事的工作類型也不相同，這也是對「人」的認識。「透過這堂課讓我更清楚分辨未來想做的職業分類，以前都不知

道原來職業可以分這麼多種類」（2-2），學生也學習分類像是有同學將「班級的未來志願我把它分為四類；休產業、藝術類、公務員、企業類」（2-1）。教師引導了學生，能試圖認清自己的志向，此外，學生對自己的生活也充滿想像，透過課程創作「活用生活中的小物，構築自己心中的場景」（2-3）。學生找到增進相關創意的方向，培養審視事與物的功能與「美感」。

由於課堂教師加入校外見習踏查內容，學生能接觸到不同的文化「到客家文物館還看到了很多我從來沒看過的工具和服裝……」（2-5）、「還有建築物和祭祀方式，也知道客家話有那麼多腔調，……」（2-6）。所見所聞激起學生好奇心，學生還表示「回家還特別去問爸爸我們家的堂號是什麼…一種學到新知識的感覺。藉由找資料而認識自己家鄉」（2-7）。創意原理課雖未安排社區服務的課程內容，但仍能在課堂上接觸校外人、事、物，強化學生多元文化思維與人文素養關懷的服務精神。

學生透過基礎課程創意原理的學習，重新思索家鄉的美好、瞭解大學才剛認識的同學、也之同儕的志向與休閒系學生未來發展的嚮往職業，接觸了學校周邊城鎮族群的語言、農耕生活的工具、服裝、建築、祭祀的小知識，也能慎終追遠尋源從認識自己、認識他人獲得文化與關懷的認知。

(三)核心能力3：表達溝通協調導覽解說

課堂活動安排學校外鄰近鄉鎮的查訪，激發創意點子，學生能「觀察平時鮮少注意的地方」（3-1），例如學生能發現美濃建築仍留有堂號，學生表示「覺得最有趣的是寫堂號的方式，把『堂』寫在中間再把其他兩個字寫在旁邊」（3-4），然任何導覽和解說都需要知識充實解說

的內容。

教師安排我的家鄉單元，學生表示「我的家鄉是這學期我最喜歡的課程，透過和自己同鄉的同學一起討論，探索自己家鄉的特色及美好。」（3-2），即使是成長18年的自己家鄉，能和班上也來自同一鄉鎮、城市的同學討論能報告什麼內容，怎麼表達，如何分工報告等，學生「在介紹自己的家鄉的時候藉由找資料也更認識自己所生長的地方」（3-3）。

學生透過基礎課程創意原理的學習，查詢、探索也和同儕討論地方的特色與美好，得成為導覽解說的內容。

(四)核心能力4：推廣行銷

在創意原理單元學生要「把單詞分門別類，歸納出不同主題」（4-1），運用課堂上學到的技巧方法，像是學生表示：「我用便條紙摺疊、裁剪，創造自己心目中的小世界，就像偶爾在閒暇時間沉浸在自己的想法中，藉由這次的作業實現它的存在」（4-2）

學生透過創作表達心中想法，利用家鄉主題的報告，學生能和同學討論彙整「家鄉的特色及美好」（3-2），也在聽取他組報告中「知道了一些當地人才推薦的美食或著名景點」（4-3）。學生能解析生活周遭事物，食衣住行育樂身心靈相關之創意。

從學生的心得文中教師能夠看到，學生透過導覽人員的解說對於美濃的文化、建築有較為清晰的認識與瞭解，也激起了好奇心和學習動機。

三、教師教學反思檢討

休閒系學生未來職業往往需要設計各種活動和推廣行銷休閒產品，在核心能力中學生需要鍛鍊願思、能想，設計與企劃規劃活動的能力，而「創意原理」課開設於休閒系一年級，正是奠基的基礎課程。

從個案學校文化創意學院成立設課至今，雖然教師教學內容也求實施與執行方式的穩定性，不過隨著休產系由一班增加為兩班，剛開始增設原住民專班，又回到減班之一班教學，教師很難不依照學生背景實際狀況調整課程，當然也配合社會的議題或趨勢微步漸進調整。

(一)地方創生大學社會責任議題的反思

地方創生的目標是期待發展地方，讓人口有意願向地方流動，也就是說地方創生主又是人口政策。現在學生學習都可以隨時用手機上網查詢各式資料，因此，創意原理課課堂上教師引導學生查詢資料庫紀錄，並請學生上網查詢各區公所以及觀光文化相關之網路資料，需與自己成長的家鄉特色做比較。透過內政部戶政司全球資訊網人口統計（2021）查詢生態圈內三區人口，得知內門區共計13,818人（5,120戶）、旗山區35,268人（13,718戶）、美濃區38,049人（14,949戶），內門區人口最少，旗山區次之，美濃區人口在三區中最多；由於旗山有熱鬧老街，假日聚集觀光人潮多，學生多以為旗山區的人口數應在三區之中最多，然實際上美濃區的人口多於旗山區，當然，這個統計未包括流動人口的統計。此外，透過在地國小校長的講演內容，教師與學生瞭解認識到地方學習生態幼兒班數人數已漸漸快超越小學生數，讓個案教師憶起初到學

校任教時，原是打算遷居至學校附近，卻因「育兒環境」與「教育資源」的考量而終究未遷移到鄉鎮居住，地方上圖書館、孩童音樂、舞蹈等藝才學習機會、藝文活動辦理賞析的機會仍不如都會多與便利。無論如何，在地方生態環境中，在地人口走向幼老的人口極端化，需要托育資源的開發；而小學生、中學生的流失是學校教育政策值得檢討的現象。

地方創生期待城鄉均衡發展，大學社會責任期待教學型大學與所屬教育生態圈的城鎮協力創造人、工作的能力養成。基於地方學在地方創生政策上是一種辦學、教學和研究取向。在文獻探討中提到日本各校亦發展出地方學課程，像是茨城大學將茨城學列為必一共同課程。事實上，2022年臺灣也開始出版大學地方學形塑與發展的論文集專書，像是管中祥的我在「民雄學」學民雄、廖淑娟的「霧峰學」、鄭政誠的「桃園學」、林明德的「彰化學」，還有多位著者合著之「屏東學概論」（2018）顯然也朝著大學投入區域研究。教師則是參考地方學融入正課進行課程和學習內容的實施運作，在主題和方法上進行調整。有研究者提到鄉村旅遊可以成為獨立的研究課題，人們對傳統和鄉村真實生活的興趣結合市場和經濟力量可以改變了城鎮景觀設計甚至吸引國際客戶（Gartner，2004）。地方大學基於教學或城鎮之發展，在學術上或一般大眾旅遊、生活上，地方性知識的整理與教學將成為地方大學的特色。

除個案教師因從小就有機會來到美濃，有著懷舊情懷、兒時記憶，也有親戚家人的口耳相傳的地方故事資源，教師在透過課堂邀請地方專家的解說，對地方有更深入的認識，藉此紀錄並教師彙整編輯教材；個案學校所在的地方有老街、有武德殿等重要觀光景點，曾經是香蕉產地的農產地，近幾年因地方特色的經營，以香蕉為題材的創意創作可以在鎮上街道邊看到；美濃印象為傳統客家小鎮，語言以客家話為主，油紙傘、粄條、客家藍衫是明顯的特產特色。課程內容的彙編也是需要時間

的，個案教師得逐步完成學校周圍生態圈各城鎮之地方學知識建構，由先建構彙編一門課單元內容，未來再慢慢逐步完成。

(二)引導學生對地方認識機會的反思

大學生從各地聚集到某校區，有些學生僅有四年待在校區所屬城鎮，有些學生甚至一年就轉學離開，「創意原理」既為大一新生學生的基礎課程，能讓在外地求學學生在到來的新地方，在正課中融入地方特色探索或深究的機會，事實上只要符合課程科目意涵，在教學內容上是可以調整，教師所提供學習的機會或課程內容會成為學生認識地方和促使反思的機會。

例如「創意原理」課程提到個案教師安排利用一日去了美濃客家文物館，透過社區大學教師地方解說員校外實地導覽解說，美濃和旗山族群和居民生活現況，從過往地方農家的文物、生活樣貌與特色，客家語、客家合院的建築特色、旗山香蕉種植、美濃菸草菸樓的消失故事、以美濃為背景的電影原鄉人人物事蹟、客家山歌等，以實地實景配合講解，教師與學生都能吸收學習地方知識。行程的安排並非僅到文物館等地景，中午美濃的粄條街停留用餐，也直接進入民宅見習了美濃客家傳統的建物和日常使用的空間器具，粄條製作器具、灶、堂、屋簷建法等；看到殘破不堪的磚瓦建築引人深思，據說建築物屬家族共有，走往外地發展的家人與留在老家的人要達到整修房屋、出錢出力或分產的方式很難達成共識，也就可以知道人與事的關係複雜且耐人尋味。下午則到獅形嶺除鳥瞰美濃全景，聽導覽人員講述美濃過往的族群交流故事，還看到種茶、製茶少量生產的農業活動方式。個案大學休閒系近年設有精品咖啡與烘培就業學程，學生在校學習咖啡調製、點心製作，然校區附近並沒有咖啡栽植，倒有龍眼桂圓的農栽特色，也有農民栽植火鶴

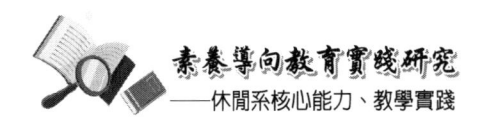

花,還有眾所周知的香蕉盛產,這些素材得提供學生如何去思考創造具有文化性、環境依賴性、體驗性或個性化的休閒產品,是學生核心能力培養的訓練機會。

(三)加強學生地方意象產生之反思

學生與「人」的聯繫、互動與合作等都能讓地方是充滿好的印象與意象,課堂邀請地方人士蒞臨課堂講演,透過小學校長、國小附設幼兒園主任的講演,也和地方社區大學講師一同遊「地方」(美濃),課堂提供了和學校附近的人士有了接觸。

午餐大家則到美濃的粄條街吃中餐,有趣的是同學們發現非假日的平日粄條街其實是蕭條而生意冷淡的,導覽人員說「做生意的人感嘆,平日再怎麼努力也做不到生意,假日則隨便做做也有客源」,顯示地方若以觀光為經濟來源的主要收入,則現況是觀光客僅於假日出現,不過學生在吃了地方小吃後,仍認為雖然客群不多,平凡的在地小吃亦非常美味能飽足一餐。

在遊美濃行程結束之際,社區大學講師(地方解說導覽員)唱了一首「原鄉人」(電影描述美濃在地文人鍾理和的故事)電影主題曲作為結語,學生也認識了地方的一個人、一首歌。個案教師憶起小時候看過的電影,在在次年就事先將原鄉人電影主題曲做為教案的引導活動之一,引入介紹「美濃人」和美濃人的慣習,像是每年二至四月初周末假日美濃區人潮湧現,因為該區祭祖掃墓習俗是在每年農曆年後到清明節前的期間辦理,與臺灣其他地區閩南文化不同。

個案教師認為任教學校之大學本以家政民生之教與養的形象與特色而建設校,而高雄校區在地設校區近30年,在休閒體育與時尚服裝等健康活力和生活藝術上是在地翹楚之特色學校,這樣的特色對地方發展是

有正向之意義的。個案教師以教學行動在教育實踐過程培育休閒系學生學習核心能力而努力，積極地想方設法配合地方創生人才培育理念，個案教師認為好的意象就是有好的尊重、善良友愛與祥和的道德意象，故在創意原理的基礎課程學習，提供學生與地方他校有人與人、活動和合作的接觸機會，期待能因為教學引導學生能充實知識，培養休閒系核心能力，也對地方產生好的意象。

附錄12-1 「創意原理」課學生學習結果

學生學習心得
1.管理活動創新企劃規劃設計
1-1　會提起興趣，然後思考與發散，結出成果。
1-2　創意如何生成，蒐集→吸收整合→刺激→創意。
1-3　讓我瞭解創意產生分成四個階段，準備、醞釀、豁朗、驗證。
1-4　瞭解到創造力在我們生活中扮演著不可或缺的角色。
1-5　聯想分類、生活擺拍及點線，讓我親身體驗到創意與我們生活的連結。
1-6　加上上色，整個畫面感看起來又不一樣了！
1-7　原來簡單的線條構圖也能很複雜又好看！
1-8　聯想很有趣，兩人一組各自激盪出相關的詞語，有時候會有很意想不到的詞語，我覺得很特別。
1-9　結合水果的產品一開始還覺得很困難，但是與生活結合起來就想出了這個產品，創意發想很有趣！
1-10　線條畫圖的作業，我是想表達心裡有很多想法，所以概想是直線的分割，層層藏於中心深處，黑白看出疏密，後來加上由不同的人賦予的色彩後，整體變得鮮明光彩耀人。
1-11　透過這堂課，讓我知道努力學習，也是可以增加創意。
1-12　小時候也有練習過類似的畫，但是長大後畫起來感覺非常不同，再加上上色，整個畫面感看起來又不一樣了！
1-13　刷新我的想法，我一直認為創意是天生。
1-14　生活上的不便使自己想出了這個產品，希望未來能夠真正有這樣便利的東西，帶來人類更大的便利性。
2.多元文化思維人文素養關懷服務
2-1　班級的未來志願我把它分為四類；休產業、藝術類、公務員、企業類。
2-2　透過這堂課讓我更清楚分辨未來想做的職業分類，以前都不知道原來職業可以分這麼多種類。
2-3　活用生活中的小物，構築自己心中的場景。

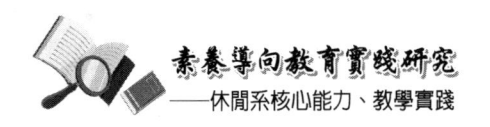

(續)附錄12-1　「創意原理」課學生學習結果

學生學習心得
2-4　我的故鄉作業裡，……離開熟悉的環境後，思念才更能清晰地描繪出故鄉的面貌，回憶起的都是美好。
2-5　到客家文物館還看到了很多我從來沒看過的工具和服裝……
2-6　還有建築物和祭祀方式，也知道客家話有那麼多腔調，……
2-7　回家還特別去問爸爸我們家的堂號是什麼…一種學到新知識的感覺。
3.表達溝通協調導覽解說
3-1　觀察平時鮮少注意的地方。
3-2　我的家鄉是這學期我最喜歡的課程，透過和自己同鄉的同學一起討論，探索自己家鄉的特色及美好。
3-3　在介紹自己的家鄉的時候藉由找資料也更認識自己所生長的地方。
3-4　覺得最有趣的是寫堂號的方式，把『堂』寫在中間再把其他兩個字寫在旁邊。
4.推廣行銷
4-1　把單詞分門別類，歸納出不同主題。
4-2　我用便條紙摺疊、裁剪，創造自己心目中的小世界，就像偶爾在閒暇時間沉浸在自己的想法中，藉由這次的作業實現它的存在。
4-3　知道了一些當地人才推薦的美食或著名景點。

說明：1.學生心得文載摘自學生報告作業。
　　　2.部分心得文載於111學年度個案大學「教學創新教材與課程獎勵」申請書。

第五篇
實務成果應用及擴散性

第十三章
學生專題之總整學習成果

- 地方農產創意產品與銷售消費相關探究
- 地方商店經營與創業者探究
- 運用所學研究分析家鄉

總整課程乃指高年級整合性課程，本章列舉休閒系學生專題課程為例，說明學生整合四年專業所學，設定想知想擬瞭解之議題，且實際行動解決問題。

一、地方農產創意產品與銷售消費相關探究

在地素材是學生四年大學生活最有感的生活經驗，也是在地學校教育的特色素養。112學年度個案教師指導之專題小組，有以「旗山特色農產創意產品與銷售消費之相關研究」為題之專題研究。個案學校雖位於內門區，但其實是位於高雄旗山和內門的交界處，由於出校門左轉前往內門的道路崎嶇，且離內門鎮上仍有一段距離，因此，無論學生校外租屋住宿或出校園後的日常生活重心地還是以旗山為主。

香蕉是旗山特色農產，旗山有香蕉故鄉之稱，可以說是全臺聞名眾所認識之事。此組五位學生因大學四年在旗山香蕉批發工廠參與包裝出貨之打工工作，對學校周邊的旗山小鎮和香蕉農產品有了特別的認識和情感。原擬調查和深度瞭解旗山香蕉產品經營批發作業流程和流通銷售情形做為專題研究，但因某種程度的商業機密不宜公開轉而針對消費者進行研究。有趣的是學生一開始表示要調查「香蕉蛋捲」，其原因只因為好吃。後來，教師指導學生應該先去瞭解旗山鎮上香蕉關聯的產品有哪些？如果要選擇針對香蕉蛋捲產品的購買消費者做調查，也應該要能說出眾多香蕉關聯產品中為何選擇或需要調查此產品的消費情形。

後來，學生在專題報告中設定了研究的目的，主要在於分析旗山地區香蕉產品的消費銷售狀況，除透過實地探查分析旗山以農產為特色之產品，並針對遊客進行問卷調查瞭解消費者使用後的感知。學生專題內文提到：「2023年12月16日至2023年12月17日兩日期間至旗山進行實地

第十三章　學生專題之總整學習成果

探訪，將所當時觀察到的旗山老街所販賣之香蕉相關創意產品做了基本的分類。」（摘自學生專題內文）

表13-1　休閒系學生專題研究中對旗山老街香蕉產品種類調查之分類表

分類	產品名	內容
原型	香蕉	最原始的狀態。
基於原型呈現之產品	香蕉船	將香蕉作為船身，填充各種水果、果醬或其他配料，置於長形盤中，製成一水果「船」。
	果汁	以新鮮的香蕉製成的果汁，有單一水果口味或混搭其他水果之綜合水果汁。
	香蕉蛋捲	在香蕉蛋捲中添加巧克力、奶油或果醬等口味，增添多樣性。
	香蕉乾	將香蕉切片後風乾，做成的香蕉乾，是一種方便的健康零食。
	七彩香蕉棒	將原型香蕉整支裹上融化的巧克力，撒上巧克力米作為裝飾，適合作為小零食。
口味添加	香蕉蛋捲	在香蕉蛋捲中添加巧克力、奶油或果醬等口味，增添多樣性。
	冰	將香蕉和其他水果混合製成的冰，是一種清涼可口的夏季甜品。
	香蕉千層酥	將香蕉跟手工酥皮混合，做成口感、口味豐富的甜點，適合作為點心或下午茶
	香蕉爆米花	以玉米製作的爆米花作主體，加上香蕉萃取物加以調味，適合作為小零食。
	香蕉烤餅	將搗碎的香蕉泥混入麵糰中烤熟，可單吃也可夾其他佐料，適合作為小吃。
包裝（伴手禮）	蛋捲禮盒	裝有香蕉蛋捲的禮盒，可單一口味或多種口味組合。
	香蕉蛋糕禮盒	裝有香蕉蛋糕的禮盒（得搭配巧克力片或果仁作為禮盒裝飾，可食用亦增添美觀）。
	香蕉乾禮盒	裝有香蕉乾的禮盒（含不同包裝尺寸和添加口味組合）。

說明：1.資料來源出自112學年度大四學生專題內文。（未出版）
　　　2.文字撰述經本書作者（專題指導教師）修正調整。

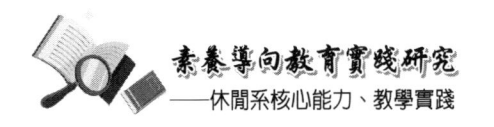

學生透過實地查訪調查，對於由原型香蕉能進一步加工變化所衍生的各式香蕉關聯產品有了更進一步認識與分析，並且是經過確實查訪蒐集與分析所得的經驗。學生表示：「在分類完所有香蕉特色產品後，發現包裝類的產品相較於其他種類，更為適合帶回家，也更容易與他人分享，造成推廣的功用。故選擇該產品作為本研究之研究對象。」（摘自學生專題內文），當找到了為何選擇香蕉蛋捲做為研究之商品時，學生再「依據文獻探討及訪查過程中所發現之問題設計問卷」（摘自學生專題內文）。

　　近年學生專題研究針對問卷調查式的解決問題方法通常會採取google表單問卷，不過這一組學生是採實際現場調查，調查時間：2024年3月24日至2024年4月7日，共發放問卷150份，有效問卷150份，經過店家同意針對購買香蕉蛋捲產品者進行消費體驗之調查。專題小組成員一位學生在期末的心得文表示：「隨著時代的進步，科技越來越發達，人們越來越少動筆的同時，問卷填寫也更傾向於類似Google表單用手機點擊填寫的方式去完成，這加大了我們發放紙本問卷的難度，我一開始發放問卷的時候很茫然，問了好幾位遊客都沒有人願意停下腳步幫我們填寫問卷，經過幾番嘗試過後，終於有第一位願意填寫問卷，當下有夠感動，這也加大了我的信心，後面就越來越順的完成任務！」（專題學生陳○生）

　　學生實際走訪針對問題找尋解決方法，無論是與店家人員或遊客都需要鼓起用氣與他人接觸、溝通，透過溝通與調查分析瞭解他人的想法，此組學生專題的結論提到「根據對旗山老街店家所販賣的香蕉相關創意產品的分類和分析，可以得出香蕉作為主要原料的產品具有多樣化的形式和口味，從香蕉船到香蕉蛋糕，再到香蕉乾等，都展現了創意和多樣性。在推廣方面，特別是作為伴手禮的推廣，應該重點關注包裝類產品，因其更容易帶回家和與他人分享，從而更有效地促進產品的推廣

和銷售。」（摘自學生專題內文）

此外，針對到訪遊客消費調查的結果，學生專題內文分析提到：「遊客對旗山老街蛋捲店家之食品滿意度、服務品質、再購意願關係，首先，食品滿意度方面的研究結果顯示，受訪者普遍對於「具地方特色」的香蕉蛋捲持高度滿意，這反映了受訪者對旗山地方特色產品的認同和喜愛程度。……提供試吃店員的態度得分最高，而停車便利性得分最低，這可能意味著店家應該將更多的資源投入到解決停車問題上，……，其中一些受訪者表示在購買時會考慮價格因素，這表明店家在訂價策略上還有進一步的優化空間。」（擷取自學生專題內文）

藉由專題研究，學生對於大學地方所在地之在地特色農產品所發展出來的各式產品樣態現況的理解，並提出調查的證據和給予建議，和商家連結溝通，協助在地商家探究商品銷售相關問題，總整課程休閒產業專題研究能訓練學生休閒系核心能力，也是地方大學素養導向教育方式之一。

二、地方商店經營與創業者探究

同為112學年度個案教師指導之專題小組，另有以「在美濃開設一家地方咖啡店：創業者與其經營策略之探究」，探究的是地方大學鄰近小鎮~美濃的店家。

餐飲與休閒結合也是休閒產業發展的方向，特別是在地文化融合，結合在地的特色創造更具文化內涵的休閒產業與消費型態。個案大學校園內設置休閒系實習咖啡店，學生於大一起便可跟著學姐長一同學習調製咖啡，並於實習咖啡店內學習服務、經營的能力。

個案大學鄰近之美濃鎮向以特殊客家文化和農產品聞名全臺。稻

米、客家美食（粄條、醃漬醬菜），早期尚有「美濃豬」，由黑豬肉生產的香腸、醃豬肉等也是出名的美食產品，近年則有白玉蘿蔔和美濃小番茄，而隨著咖啡飲食的普遍，美濃傳統小鎮也看得到販售咖啡的店家。

112學年度大四學生其中一組學生，以學系美濃咖啡作為專題研究對象，初步原為探索店家經營策略，但在指導教師和學生對談的瞭解下，發現學生更好奇店家是如何開設起來的，所以根據學生探究之問題將專題題名改為「在美濃開設一家地方咖啡店」為主題，副題則為「創業者與其經營策略之探究」。

為了著手專題研究，學生先「由店家官方帳號以及網路資料能先行初步瞭解各家咖啡店特色以及創業經歷」（摘自學生專題內文），再實地探訪在地咖啡店。選定了三家咖啡店並表示，「位於美濃地區且皆為在地人，其次是創業五年內之獨立咖啡店，此外都販售咖啡及甜點，最後店內裝潢與氛圍能反映出當地文化和特色。」（摘自學生專題內文）

專題小組成員在2024年4月8日至11日期間，與三家咖啡店之創業者深談，透過訪談紀錄與內容分析探究了店家創業的起心動念、經過與經營的策略和經營甘苦談。

「我們的檸檬汁就是我們自己認識的一個美濃阿姨自己種的無籽檸檬，……美濃不是很盛產野蓮嘛，那時候用野蓮去入鹹派這樣子」、「想營造出現在很注重的休閒感和慢生活的氣氛，……還有就是傳統的三合院也比較少了，剛好我們又融入了風景，會有點懷舊風」、「保留舊客方法我認為是人情味，……就算沒有空也會稍微問候一下客人說『還可以嗎』，……比較好客的話也會有比較多人記得你，……這是我覺得做生意本來就要一點溫度」、「咖啡會和專門賣咖啡豆的廠商進貨，……像檸檬蛋糕用到的檸檬就是和在地的小農買的，……之前的香蕉磅蛋糕也是找當地種的香蕉，桑葚

第十三章 學生專題之總整學習成果

也是我自己種的，……」（擷取自學生專題訪談逐字稿）

顯然地，學生透過與當地人在地經營者的接觸，並較為深入地溝通能促進彼此的瞭解，也能具體瞭解地方產業經營的實際情況。特別是鄉村地方和市區店家經營模式和地方特色結合等，可以從創業者口述中「我其實那時候很想要出一個擂茶的東西，……但說真的客家擂茶加咖啡實在是有點不好喝，所以就是用奶茶拿鐵，那重點是他的外觀跟擺盤也有一點創意，我還有做漸層……」（擷取自學生專題訪談逐字稿）而認識店家經營者的創意發想和行動。

除了專題研究製作過程的收穫，本組在校內專題完成口試後，還修改口試委員所提供之意見，並報名校外學術研討會之發表。為了準備參語研討會，須擬寫發表內容、赴現場口說講解，其過程亦是休閒系核心能力的訓練。

三、運用所學研究分析家鄉

「苗栗功維敘隧道舊鐵道空間活化案例探討」是113學年度個案教師指導之專題之一。苗栗是該小組成員者之一的家鄉，在大一創意原理課學生在我的家鄉單元中曾經報告家鄉苗栗和學校附近地方之資料比較，地理位置、人口、城鎮發展歷史等探究，到了大四為了製作專題，與好友組成小組將所學能力運用於去理解家鄉的問題並於調查資料分析後提出建議。

學生原擬進行遊程設計的研究，在透過實際訪遊瞭解該遊程設計的缺失，並形成旅遊產品模型。不過，在多次專題課程進行的討論中，學生決定聚焦於苗栗功維敘隧道做為研究對象，並將內容調整於對隧道活化，居民的生活感受與影響，並且也想瞭解當地教師如何將功維敘隧道

做為在地教材教法的構想和教學經驗，換言之，專題研究之目的是擬瞭解「長久居住於功維敘隧道附近的居民們和於附近學校有多年教學經驗的教師們對於功維敘隧道空間認知所抱持的想法，以及自身對於功維敘隧道空間的看法。」（摘自學生專題內文）

根據學生透過訪談研究參與者對於苗栗人期待的「功維敘隧道活化希望能夠以維持隧道原貌保護自然生態及推廣苗栗特色和客家文化為主」可以獲得民眾和在地生活者的心聲，在地人會擔心「捨棄的生態、空曠的空間、不夠充足的解說版等，都是活化時應該考慮的方向，不要在讓功維敘隧道的每次活化，只能換來短暫的盛況，在熱度過後，又沒沒無聞了」（摘自學生專題內文）。且調查結果也表示「受訪教師都有在教案或是課程中融入功維敘隧道，讓學生上課時，可以透過學校附近功維敘隧道所擁有的資源更快速認識課本上的內容，例如：地下泉水（地科）、生物多樣性（生物）、油桐花（國文）、隧道結構與作用力（物理）等」（摘自學生專題內文）顯示地方素材確實能提供教育活生生的例子，因為與學生生活連結，學生更能快速理解增長知識。而顯然，學生瞭解了活化地方和教育都期待較有持續發展性的意義，特別是對當地生活和就業的人口而言，短暫的熱潮並不會帶給當地居民有何改變，甚至可能只是困擾，生活品質的提升以及對於屬於自己和在地的文化特質也期待能被尊重與保留，是在地者所期待的。

從學生的專題中教師儘管未曾去過苗栗功維敘隧道景點，但在一年指導期間的師生對談和學生蒐集到的文字照片等資料，以及對造訪當地者（指此組專題學生）的對談，教師也多認識了臺灣一個地方景點，甚至也認識某空間活化政策實施的案例。

以上，透過三份學生專題分析學生對大學附近地方以及家鄉地方的問題意識和解決問題的方法，從中也充實了學生本身透過學校教育的學習的經驗歷程，提升「素養」。臺灣在2001年開始實施中小學九年

第十三章　學生專題之總整學習成果

一貫課程,而九年一貫課程實施時就重視學校本位課程(School-based Curriculum)發展,期待各校考量學校條件、社區特性,結合學校社區資源與情境,發展並落實符合學生需要的課程。雖然當時並未推及至大學教育,但2018年正式推動之「大學社會責任實踐計畫(USR)」,期待透過人才培育、之是建構與轉譯能協助成為區域發展任務。二者皆與教育內容、培育之人才能力和地方資源素材的提供活教材,以及建構轉譯知識的概念相通。

在第一章提到廣設大學後所影響的,地方有大學的進駐,在軟體與硬體上,校地開墾、特色性建築物的興建、校園樹木花草的栽植、校園內各項運動設施都能提供當地居民休閒使用,高等教育大學教職員工進駐為地方帶來不同的知識學習機會與生活品質的提升。然「教改狂飆期」進駐的學生素質地下和因招生困難的人潮退去,相信也不是地方大學在地人所樂見的情況。

如何精緻經營有特色,即使是小而溫馨美好的環境,讓地方‧人‧工作或者能提升在地生活品質的「地」與「知」(日語「地」與「知」同音)地方知識,讓人能安居生活才是大學素養導向教育重要的責任,也是學生在接受十二年國教後延伸之大學持續發展的重要策略與意義。

第十四章
工作表現：休閒產業全職實習

- 全職實習制度
- 工作場域與工作內容
- 產業界的評價與建議

實習課程能讓學生體驗職場環境，將學校所學應用學習，且能藉由實務經驗，認識職場並培養職場適應力、拓展人脈或作為卻認為來職涯選擇之嘗試機會。本章以休閒系實習課程為例，除說明個案學校實習制度，主要為透過實習課程推推估學生未來工作表現與核心能力素養培育之成果。

一、全職實習制度

實習課程實施方式各校皆有所不同，有集中於寒暑假實施200小時左右之實習體驗或僅可獲取學分但無領薪資之實習。由於個案學校實習執行之方式，採學生離開學校在實習單位相當於全職工作為限（實習合約第三項第八款），列為必修課故全體學生皆須完成實務實習課之修習，學生實習期間以有給實習為主，實習單位原則上必須給予符合勞動基準法標準給予學生之月薪薪資，且比照一般正式職員休假、福利、津貼（實習合約第三項第七款）。故休閒產業實務實習課的實施與執行是休閒系學生真正模擬就業工作，實際進入休閒相關各職場體驗職涯生活的學習活動。

由於是全職實習參與工作，因此，不但可以得知未來實習工作場域、工作內容，也能在實習期間的實習表現中反應學生實務工作能力。

二、工作場域與工作內容

(一)工作場域

　　表14-1列出111學年度及112學年度學生實習單位。實習工作場域所在地方，雖然也有學校附近地方之實習場域；但多數學生實際實習地點都不在學校附近或學校所屬城市，顯示地方大學所在地能提供實習之工作職缺不足，但也證明學生在校所學未來都會在各地發揮所學。

　　大學生畢業後能在那裡就業、做些什麼工作，可從在學期間實習單位梳理出，若分析學生實習場域分析，國內實習場域包括活動規劃、主題遊樂園、運動行銷、國民運動中心、潛水活動經營公司、私人健身中心、海洋博物館、海洋公園、渡假村、渡假酒店之遊憩活動部門，另包括花園農場、咖啡連鎖經銷店門市，及海外渡假村活動部、自然學校、民宿。但若根據個案學校休閒系實習辦法內條文所示，休閒系校外實習單位以(1)負責自然資源或文化資產管理政策、規劃、經營之相關機構。(2)辦理休閒活動規劃、管理之團體。(3)經營休閒產業之合法機構。(4)經營運動產業之合法機構。可以得知休閒學系學生實習原被規劃定位工作職場於何。然若依**表14-1**所列學生之實習單位，又可以知道實習課在學校實習運作之下也仍會有實習辦法內限制以外之場域或工作機會，例如連鎖咖啡門市、餐飲部門等，實習單位主要為學系培育學生教育目標所界定之「休閒產業」範圍界定，且考量社會環境、師資與課程調整或學系獲得公部門計畫或產學合作計畫執行的調整。一般來說，若根據作者數年安排和參與實習課程協助學生找尋工作之經驗，可以觀察到私人

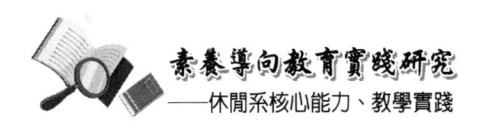

表14-1　個案學校休閒系學生休閒實務實習單位

單位類型	地方	與機構名稱部門
設計規劃文化園區	南部	○○規劃設計有限公司文創活動
	北部	六福開發股份有限公司主題遊樂園
運動俱樂部	北部	○○○國際運動行銷
	北部	○○○國際運動行銷公司
	北部	淡水運動中心
	北部	救國團南港運動中心、文山運動中心、竹光運動中心
	南部	○○○○苓雅運動中心
	南部	屏東運動中心（○○○股份有限公司屏東營業所）
	南部	○○潛水中心
	南部	○○○○○○健身房
民宿、渡假村、農場、博物館	海外	Club Med 泰國普吉島村
	海外	日本北海道山毛櫸之森自然學校
	南部	巧克力農場
	南部	○○花卉鮮果農場（內門）
	南部	恆春半島○○○度假民宿
	東部	○○海洋公園
	南部	屏東海洋生物博物館
	南部	○○度假事業股份有限公司
	東部	○○渡假村
	南部	悠活渡假事業股份有限公司
	南部	○○民宿
	海外	○○株式會社日本京緣館（日式舊宅民宿）
觀光飯店咖啡餐飲	北部	○○商行（甜點、飲品）
	南部	悠旅生活事業連鎖咖啡（旗山、南科、……）
	北部	悠旅生活事業股份有限公司（汐科、苗栗國華）
	中部	悠旅生活事業股份有限公司（豐原大道門市）
	南部	墾丁怡灣渡假酒店股份有限公司
	東部	○○海洋公園餐商部餐飲服務員
	東部	遠雄○○飯店餐飲部-西餐
	中部	○○○小吃店股份有限公司-臺中店
	南部	○○○小吃店股份有限公司-高雄店

說明：資料僅限111-112學年度。
　　　實習單位除地理位置或大型知名企業，餘實習單位名稱以○代替之。

第十四章　工作表現：休閒產業全職實習

大型且有連鎖性分店之企業能提供給學系學生實習之職缺，其穩定性較高，換言之能每學期提供職缺予個案學校之休閒系。

由於個案學校實習期間要求實習單位應提供至少符合勞動相關法規之最低薪資，因此，公部門單位之實習機會就未再有，其中，部分實習單位場域雖是公家單位但實際運營為BOT或採購法等合作私人企業集團，因此聘任學生的雇主為私人企業集團，學生在實習期間是可以獲得薪資的，例如海洋生物博物館和國民運動中心等。

(二)工作內容

由前段可以瞭解個案學校休閒系學生，實習工作地點散布全臺與海外，實習單位的類型也可能是不同。參照**附錄14-1**學生自我評價的學習心得也可以瞭解學生工作的內容和收穫。以下再針對休閒實習的各場域工作內容加以說明：

◆設計規劃、文化園區

規劃設計公司是屬於辦理文化創意關聯展與售的活動。規劃設計公司招聘人員的訊息說明標榜是藉由參與式工作坊之實際行動，社區營造與農村再生，活動規劃，主要商品與服務項目是都市計畫、社區營造、農村再生、參與式規劃等。可以得知，學生在規劃設計公司實習主要任務是習寫標案，活動辦理的宣傳與執行，也必須負責經費核銷的算寫執行工作。

在文創設計整合行銷公司實習的學生，其工作部門為活動部，即為活動的企劃與執行，需要負責市集企劃與文案撰寫，也需要與各品牌廠商的聯繫和公司對帳等工作。一般來說，文創設計公司業務平面視覺設計、活動行銷、定點攤位製造設計。在實習單位，學生必須完成整套流

程的工作,例如活動後也必須進行場地復原,協助品牌簽退,檢查品牌所租賃的設備是否完整地面的整潔,統計工讀時數、工讀生匯款作業、整理匯款帳號及資料,蒐集每場活動勞務報酬單,也要確認統整活動相關支出包含貨運商業表演等匯款狀況;文案的撰寫成果報告書。

◆ 運動、俱樂部

　　教育部體育署自2010年起至2017年推動「改善國民運動環境及打造運動導計畫」各縣市興建設置國民運動中心。這些運動中心運營多採委外運營,所以休閒系學生赴運動中心實習,並非與公部門簽約,而是招標標下接手運動中心的公司簽約,且實習工作的任務也是由運動中心承攬運營之公司分派。在運動中心內仍有各個部門,休閒系多數實習生實習部門名稱雖然不同,主要是場務管理與櫃臺接洽和客服,「服務臺的業務也是我們工作之一」(2-1),另有少數是實際參與運動指導教學工作。

　　也有學生執行運動課程指導之「教學」工作,以幼兒、兒童運動活動為主,但一般來說在運動中心如須擔任教練或進行課程教與學的同時就必須協助運動中心招募學員,與孩子和孩子的家長溝通。

　　運動行銷公司也是休閒系會選擇之實習單位。在運動行銷公司,學生的實習工作包括行銷公司企劃、運動活動規劃、場勘、接洽和場地實際勘查與協助公司辦實際活動等工作,實習生擔任小編,經營客群,新聞稿發布;且實際也要練習寫企劃案、練習寫標案,顯然在運動行銷公司文書與對運動活動有興趣反喜歡參與運動相關工作有關。學生表示「還學了很多處理平常不太會接觸到的事情,像是協尋民眾報警個人物品失竊、協助受傷的民眾急救與就醫、幫忙評估與淘汰健身器材、遇到身心障礙的客人之應對方法法、對於不遵守規定的奧客之辦法……等。」(1-5)

　　運動中心和私人健身中心工作皆需負責客服工作、場館管理、協助課程點名、售票管理與雜務處理等,特別是有游泳池設備的運動中心,

學生領有救生員等相關證照會擔任救生員工作，健身房和游泳池櫃檯工作人員。而健身中心除櫃台接待，可能包括教練輔助和課程安排之工作，除了更新健身課程表也需要行銷會員制度以及針對會員進行通訊聯繫等相關工作。有些私人健身中心實習學生也需要進行保持健身房設備和設施的清潔和整齊，如有專長得協助教練進行健身訓練，也提供基本的技術指導和支持，此外，仍必須處理一般庶務，例如協助器材定期檢查和維護設備（參照**表14-2**和**表14-3**）。

表14-2　實習學生於運動中心類之工作內容例

```
早班：開門（清潔運動中心大門），負責開游泳池、健身房、羽毛球場、桌球室的
      冷氣和燈，櫃檯點算零用金，抄水錶和電表。
晚班：與早班人員交接。點算早班營業額金錢。抄下午及晚上的水錶和電錶、紀錄
      客人來的數量，提出每日報表、信用卡結帳截圖給主管。打掃健身室羽毛球
      場、桌球室、櫃檯，然後關燈鎖門。
櫃檯工作：1.接聽羽球場預約電話。2.幫忙客人報名課程。3.回覆Facebook留言。
         4.課程點名。5.結帳。
救生員：1.負責看管泳池秩序。2.清潔泳池。3.測試泳池的水質。
健身房櫃檯：1.協助客人解決問題。2.使用超時補票。3.結帳。
```

說明：擷取學生期末書面報告部分內容再編。

表14-3　實習學生於私人健身中心之工作內容例

1. 櫃台接待流程：迎接訪客：當會員或訪客到達時，主動迎接並詢問需求。提供資訊：根據訪客的需求，提供健身房的相關資訊，解答他們的疑問。會員登記：指導新會員填寫登記表格，並將其信息錄入系統。
2. 會員管理流程：管理會員的會籍信息，處理會籍續訂、延期和取消等事務；定期檢查並更新會員資料，確保信息的準確性和完整性。
3. 課程安排流程：協助制定並更新健身課程表，確保所有課程安排合理；通過電話、短信或電子郵件通知會員課程時間和變動情況。
4. 場地維護流程：健身房設備和設施清潔，保持環境整潔；定期檢查健身設備的運行狀況，及時報告並處理故障。
5. 訓練輔助流程：幫助會員進行正確訓練動作，確保其安全；根據會員的個人健身計劃，跟進其訓練進度提供必要調整建議。

說明：根據學生期末書面報告內容彙編。

以上可知，個案學校休閒系實習實務，學生參與運動、運動俱樂部等雖然是運動類工作，但主要工作技能並不以運動實技技術的能力為主，類似於規劃類公司的工作，需要文書與計畫編寫，場勘、接洽客戶、顧客服務與表達溝通。顯然，運動技術非休閒系學生必備技能，而運動程度技巧之高低亦並非休閒系學生主要重視的核心能力。

1. 櫃台接待流程：迎接訪客：當會員或訪客到達時，主動迎接並詢問需求。提供資訊：根據訪客的需求，提供健身房的相關資訊，解答他們的疑問。會員登記：指導新會員填寫登記表格，並將其信息錄入系統。
2. 會員管理流程：管理會員的會籍信息，處理會籍續訂、延期和取消等事務；定期檢查並更新會員資料，確保信息的準確性和完整性。
3. 課程安排流程：協助制定並更新健身課程表，確保所有課程安排合理；通過電話、短信或電子郵件通知會員課程時間和變動情況。
4. 場地維護流程：健身房設備和設施清潔，保持環境整潔；定期檢查健身設備的運行狀況，及時報告並處理故障。
5. 訓練輔助流程：幫助會員進行正確訓練動作，確保其安全；根據會員的個人健身計劃，跟進其訓練進度提供必要調整建議。

說明：根據學生期末書面報告內容彙編。

◆民宿、渡假村、農場

　　民宿提供膳宿，有些民宿會赴露營區，但學系在審核實習單位時會確定須有立案獲得營業許可等，由於民宿規模大多較小，實習工作仍以接待和房務為主，對未來有意以民宿創業可能的學生是一體驗機會。

第十四章　工作表現：休閒產業全職實習

所謂渡假事業指以全包式渡假村概念，提供「生態教育、親子旅遊與創意啟發之休閒渡假活動」（yes123求職網，最終查詢日2023年6月7日）。這些渡假村通常位於有景觀可遊覽之山景、海岸之處。也有較為單純的生態展區，海洋教育、戶外教育，學生實習需要介紹導覽之景觀與生態內容。例如，海生館實習學生主要負責海中生物導覽工作。學生表示：

「通過任何定點解說或者是導覽都需要付出很多的時間去準備」（1-1）
「解說員需要知道的生物知識蠻廣泛的」（4-1）、
「分配到大廳服務臺就會在站點上讓來賓問訊或是協助來賓」（3-7）

顯示學生無論到任何地點都需要先去認識該地方的人、事、物、景，才有可能進行解說導覽工作。導覽工作需要服務客人，對導覽的事項訂定解說的目標、計畫應予以規劃，也要對導覽的內容有興趣，才會有心求知豐富內容正確解說。導覽者的口條和表達能力會在一次又一次的工作經驗中純熟，臨場應變與隨機應變的能力也應該會被加強。

表14-4　實習學生於導覽類場域之工作內容例

1. 各項定點解說：解說、導覽。
2. 服務台業務：開／閉服務台，熟悉服務台業務，如：參觀動線／廁所／哺乳室／吸煙區／禮品部…等路線指引、推車租借、活動報名、代寄明信片、來賓交通需求協助等。
3. 場館巡檢：巡檢各個場館的展區及電梯等硬體設備或展品是否有異常狀況。
4. 特殊活動協助辦理（含庶務與服務工作）：預約團體簡報講解、活動執行等。
5. 行銷業務：後場付費導覽活動、會員卡。

說明：依據學生期末書面報告部分內容編寫。

◆觀光飯店、咖啡餐飲

由於個案學校另設有觀光管理學系，故休閒系與觀光系實習內容有所區分，例如以觀光飯店而言，休閒系原則上不安排學生於房務部門，得在飯店內健身中心或渡假村活動部門工作。

另外，由於休閒系四年級目前設有勞動部就業學程，加上一年級個人申請入學也包括精品咖啡與烘焙、運動遊憩、文化創意三模組，休閒系業設有校內實習咖啡專業教室，故大三實習地點仍包括餐飲業實習單位，因此，也與連鎖咖啡業、校友開設之餐飲商行簽約，另也有知名餐飲業。可能受到咖啡學程就業實習影響，休閒系在臺灣知名統一集團的悠旅生活事業股份有限公司，即星巴克實習的學生不在少數。

表14-5簡列連鎖咖啡餐飲門市之實習工作內容，在連鎖咖啡部門服務，首要要為客服工作，其次為製作飲品、加熱糕點等與咖啡關聯產品銷售工作，但也需要行銷銷售，例如主動告知顧客優惠，此外也包括庶務工作，例如環境清潔等。因此，學生表示：

> 「……所有夥伴都要瞭解活動的檔期和優惠，必須主動告知，然而每次休息都需要尋外場收拾餐具，幫忙吧檯的夥伴補牛奶、冰塊、杯子、杯蓋一些備品。準備物料是每天必備的……」

表14-5 實習學生於連鎖咖啡餐飲門市場域之工作內容例

1.事前檢查：糕點管制、烤箱焦炭物檢查、咖啡渣清理、咖啡有效期限確認，奶油槍安全檢查。
2.主要工作：製作飲品、加熱糕點。
3.活動認識：優惠產品、優惠活動。
4.銷售技巧學習：主動推薦客人加購商品或推薦新品項糕點。
5.固定庶務處理：吧檯清潔、保持器具的乾淨、外場收拾、店面環境清潔、定期置換櫃架商品。

說明：依據彙整數位學生期末書面文字報告內容編寫。

由以上實習單位的工作內容來看，可以知道休閒系學生主要工作仍為人與人接觸之客服、產品介紹行銷和場務管理與活動性流程工作的應對進對接待和因應。即使是在運動中心或運動行銷公司，「運動的技能」在休閒系實習工作上並不重要，多元廣泛的運動知識對執行工作是有幫助的，導覽類型工作需要事先調查與熟悉講稿內容，對「產品」的認識、管理與行銷是實習工作，在此所指之產品包括導覽遊程、課程、訓練內容或販售關聯的活動等，此外，部分職務要辦理計畫類的文書作業、活動執行會計、場地會勘、配合宣傳與活動執行等，而能完成這些事物之能力是個案學校休閒系學生休閒實務實習總整課程的內容與學習結果。

三、產業界評價與建議

據實習辦法，由於學生在校外實習，擔任實習課之教師儘管予以行政事務處理、訪視、輔導，然實際上無法實際授課教學，學生成績由實習單位評量佔學生實習總成績百分之六十，評分表如**表14-6**，包括專業與態度以及學系核心能力表現，學校教師雖然無法要求業者務必給予每一位同學評語，但針對成績給予偏高與偏低之同學就會要求務必提供文字說明。

附錄14-2、**附錄14-3**為研究者將休閒系實習單位業者對學生之正向與負面之評語。即使負面傾向之評語，亦提供教師在教學指導或學生學習尚有值得改進或加強之參考意義。

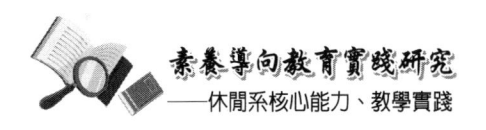

表14-6 學生全職實習評量表

項目		評分項目	分數	具體說明或單項評語
專業與態度	1	責任感與敬業精神（10分）		
	2	積極性與主動學習（10分）		
	3	抗壓性與穩定度（10分）		
	4	人際關係與團隊合作（10分）		
	5	職業道德與工作倫理（10分）		
	6	工作效率與整體表現（10分）		
核心能力	7	分析與解決問題能力（10分）		
	8	表達溝通或導覽解說（10分）		
	9	推廣行銷與活動規劃（10分）		
	10	（其他） 如：人文關懷與服務精神（10分）		
		總分（100分）		
總評				

說明：上表為評量表前半部，後半部包含出缺勤及請假、曠職、實習時數等紀錄。

(一)核心能力1：管理活動創新企劃規劃設計

　　正向的評價部分，運動相關實習單位業者對學生認為學生工作計畫能力剛開始時有待加強，會幫忙同事且積極參與工作與積極學習，例如學習繪圖、「寫提案、場勘、活動舉辦」（1-3）、「協助企劃書排版、提出想法，各種活動參與」（1-2），甚至有同學最終能「完成一個標案以及各活動」（1-1）而在文創相關實習單位實習的業者對學生正向的評價認為值得給予肯定，多數實習生能主動熱忱，參與活動執行很熱絡，工作安排執行力佳，學習態度主動積極、學習能力佳，做事認真負責，有在社區大學實習的學生被說是「第一位能協助編輯校刊的實習生」（1-4），於實習期間表現優異，且「學習速度和文書都非常有效率」（1-5），有在辦理活動的單位實習的同學配合節慶參與了聖誕節活動企

劃與執行（1-6），配合公司進度達成任務。

負向評價部分，實習單位業者對學生較為負面的評語，包括有學生會被評「在業務技術能力上，剛開始有待加強」（1-1）顯示學生從學校轉入實習職場多少需要有一段適應的時間。對於業務技術，有些實習單位會建議學生「未來建議學習一些電腦軟體技能，加強自己專業」（5-1）、「業務技術能力未來建議學一些設計軟體技能」（1-3）顯然在技術工作上電腦軟體的運用仍有助於工作進行。此外，也有需要繳交文書撰寫作業之實習單位，認為學生「書寫上也偏向描述事情內容，少有進一步分析，或在獲得一些感受進行更深的反思」（5-13）這表示學生寫作能力對某些工作單位而言是需要提升的能力。

(二)核心能力2：多元文化思維人文素養關懷服務

正向的評價部分，學生在職場的人際關係以及待客服務是實習單位所關注的。多數同學能和同事和睦相處，不但能「主動協助其他同事工作」（2-2），也能「提想法、協助各項事項」（2-1）、和「同仁打成一片」（2-6）、「團隊活動及事物都不吝嗇參與」（2-10）。有學生被實習單位評價為「不論面對夥伴或是顧客總是盡善盡美熱情迎人」（2-9），也有學生能在實習過程中，被評價為能夠「貼心地觀察工作夥伴的狀況，善於陪伴長者」（2-11）。

負向評價部分，業者對於學生評語較少提及有關學生在多元文化思維與人文關懷服務之負面評語，有業者表示，學生參與工作到了後期得自行研發產品，但「較缺乏計畫與溝通」（3-1），缺乏與內部人員的溝通；有些工作單位對某些學生的表現也會認為個性較為「內向，社交能力尚待加強」（3-2）；遇到「緊急事件處理及顧客服務能力須加強」（3-3）。

(三)核心能力3：表達溝通協調導覽解說

正向的評價部分，實習單位業者對學生正向的評價認為學生能主動協助其他同事工作，「可以獨自與廠商及客戶進行溝通」（3-6）。有實習單位評價學生，表示學生和同事、廠商、客戶及參賽者等相處得不錯，特別是有學生外語能力尚可，「有辦法跟外國顧客溝通，非常棒」（3-4）。對於工作執行能夠「主動執行例行與其他事項異常狀態發生立即回報」（3-2）、懂得「主動回報檢討改善」（3-3）。

負向評價部分，在表達溝通上如同前述學生偶會嘗試創新，但似乎忘了需要尊重原實習單位體系下的溝通機制，故有實習單位的業者表示，學生在「後期飲品、甜點研發階段，較缺乏計畫與溝通」（3-1），顯然已經造成實習單位的困擾。

(四)核心能力4：推廣行銷

正向的評價部分，學生因為在不同的單位實習，工作的任務也不相同，有實習單位對其評價表示：學生「能積極配合門市各項訓練、認真學習拉花技能、對於門市各行銷活動積極投入、積極行動勇於挑戰現狀。」（4-1）、也具是說，各個實習單位所生產的商品、產品是不同地，但有學生能「學習態度主動積極，做事認真負責，配合公司進度達成任務」（4-3）也能「具親和力，能夠依照指示和顧客介紹產品」（4-2）。

負向評價部分，「緊急事件處理及顧客服務能力須加強」（3-1）、「於瞭解事情的積極度，尚有很大的進步空間」（4-1）、「執行檢核時缺乏客觀資料評斷」（1-9）。「行為僵化，尚須更有彈性處理事情」

（5-10），由於產品的認識與銷售期實需要學生在態度上較為積極，顯然學生對於緊急事件、需要依據、彈性調整的勇氣尚欠缺，部分學生可能不夠靈活能處理機動事項，這與工作熟習度和工作態度有關，以致產生「曾未依作業流程標準操作影響現場作業」（1-6）、或被較為嚴重之負評，認為學生「未能分辨工作內容輕重緩急，未能有效找到適當方法，處理清潔上的問題」（5-8）。

(五)其他

學生表現能在其他休閒系核心能力之表現，正向評價上包括學生能「能按時完成相關工作」（5-1）交代的任務會盡全力做完，事情完成才下班，有運動相關實習單位業者對學生正向的評價認為「辦事項處理能力佳，學習能力優」（5-2）。在表現上也能虛心好學樂於助人，表現敬業精神，工作細心，如學生面對偶發事件等問題能處理得當，在發生錯誤時能勇於承擔錯誤，學生盡力展現在工作上「使命必達」（3-3）的精神。在文創相關實習單位實習的業者表示，遇到問題會主動詢問，透過實習報告可以看到○○的成長，相信他能尋找到自己目標，並努力實踐。於瞭解事情的積極度，尚有很大的進步空間；但對交辦工作項目也會盡心完成。「遇狀況可依指導流程去處理。整體表現不錯」（1-9）。「現場指導認真學習，現場服流程有問題被指正時能及時改善」（5-4），整體看來，學生能在休閒產業實務實習期間主動與按部就班地接受指導與學習。休閒實習單位業者對休閒系學生在總整課程實務實習的表現能給予學生證向的評價包括，「實習紀律佳」、「觀察能力強」、「進取心強」、「能將自己的能力充分發揮出來」之積極、主動與熱忱，因此，休閒系學生在實習時給業者的印象多數是配合度高，有禮貌、上班不無故缺勤遲到早退，工作能積極有責任心，服從整體安排，

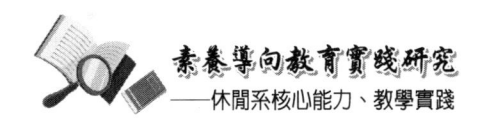

對實習工作兢兢業業；甚至有業者給予學生的評價是「能吃苦耐勞，任勞任怨」，基本上學生能展現勤懇務實、善於學習能有責任心；且團隊活動及事物都不吝嗇參與，能主動協助同仁，也能與同事、廠商等合作。其中，有業者認為學生資訊運用電腦使用能力佳。在文創相關實習單位實習的業者表示，學生認真、負責、勤勞，有一定的工作能力和責任感，對於負責的工作事項會認真去執行，在實習過程中，貼心地觀察工作夥伴的狀況，善於陪伴長者，容易合作，配合工作調度，工作認真負責，服裝儀容符合門市規定，準時上下班、積極學習主動力強，會參予並完成交代事項。實習單位對學生之評語也會提到「儀容良好」，「面善」等較為外在和與工作能力實際無關核心能力之評語，可見得基本上服務業對外在給予他人的感覺會予以重視。

負面評價包括：儘管實習單位主管給予的評語可能較為客氣，或求好心切，但學生在實習期間多少仍因工作經驗不足仍有出錯或怕出錯而達不到標準主管要求標準，在該實習單位也會受到學分成績，像是欠缺分辨輕重緩急或找到處理方法都需要職場上果斷的勇氣。

無論如何，就休閒系產業實務實習課的表現雖然學生在個別表現上有人能獲得好的評價，也有人收到較負面和給予建議的平價，這顯示學生仍須加強能力，學生在實習實務的表現仍有改善空間。不過，學生在校所學在總整性課程的實務實習中提供學生核心能力培育的表現機會，整體而言學生能受到實習單位良好評價的學生較多，顯示學系積極努力於培育學生核心能力，學校亦盡心發揮教育實踐功能。

第十四章　工作表現：休閒產業全職實習

附錄14-1　休閒實務實習學生自評學習結果（111學年度上學期）

學生學習心得
管理活動創新企劃規劃設計
1-1　通過任何定點解說或者是導覽都需要付出很多的時間去準備
1-2　一些加值活動的推動以及前置作業……也都會參與其中
1-3　在公司不僅是對自己負責，事情沒有完成或出了什麼狀況，整個公司的排程和作業都可能被影響。
1-4　要帶領客人爬山、走森林步道，進入○○國家公園……
1-5　還學了很多處理平常不太會接觸到的事情，像是協尋民眾報警個人物品失竊、協助受傷的民眾 急救與就醫、幫忙評估與淘汰健身器材、遇到身心障礙的客人之應對方法法、對於不遵守規定的奧客之辦法……等。
1-6　負責帶活動，從早上開始是帶導覽 折氣球 接櫃臺吃飯 打掃 折氣球 親子活動 接櫃臺吃飯 下班。
1-7　支援、觀摩性質，支援各式各樣的活動，有活動，或是有工作我能夠勝任的，就會交給我
多元文化思維人文素養關懷服務
2-1　除了端盤子外，跟客人互動也變多，每個細節，每個步驟農場這邊都會讓你學習到
2-2　在農場可能很辛苦，但是有同學陪伴著，確實會比較好，至少回到宿舍還可以互相鼓勵、互相支持、互相傾訴！
2-3　夥伴都會給我很大的鼓勵，讓我很安心，我一步一步慢慢地向大家學習
2-4　體會最多的就是與人的相處之道，不管是同仁之間或是面對客人，在這裡每天會遇到的民眾形形色色，各種年齡層和職業都有，同事們也陸續有新的實習生工讀生加入
2-5　學到了很多做人的道理以及待客人的態度
2-6　剛開始工作的時候一直遇到很多挫折，壓力十分的大，但是好的是和我同部門的實習生也兼室友雖然不同系但是同學校，所以我們一起陪伴撐過來
2-7　煮麻糬給客人品嚐。
表達溝通協調導覽解說
3-1　通過任何定點解說或者是導覽都需要付出很多的時間去準備
3-2　站在所有來賓面前解說當然也不是一件容易的事
3-3　解說過程中的用字遣詞也都必須非常講究且精確
3-4　學到了十分多，例如:採小藍莓或是整個餐廳的運營方式，每個工作都具有很大的挑戰性
3-5　休閒農場最重要的工作之一是介紹植物
3-6　向客人介紹農場的動物和小蟲等生物
3-7　對遊客以簡報解說爬山行程
3-8　個性改變很多，從原本害羞慢熱，變得更外向，敢主動開口跟客人打招呼甚至聊天

（續）附錄14-1　休閒實務實習學生自評學習結果（111學年度上學期）

學生學習心得
3-9　面對的人百百種，無時無刻都在學習怎麼與人相處和溝通，探索人與人之間說話的奧妙與技巧
3-10　第一次教課，而且對象是國小一年級至國中三年級，甚至還有幼稚園升小一的，……
推廣行銷
4-1　服務臺的業務也是我們工作之一
4-2　公司有三個部門分別：客服部門、體適能部門、泳池部門。我實期期間只有待在泳池部門。……客服服務。課程教學指導。
4-3　到展區向來賓們解說之前必須經過考試
4-4　解說員需要知道的生物知識蠻廣泛的
4-5　考官會審核你的生物知識是否充足且正確
4-6　分配到大廳服務臺就會在站點上讓來賓問訊或是協助來賓
4-7　學到了十分多，例如：採小藍莓或是整個餐廳的運營方式，每個工作都具有很大的挑戰性
4-8　被公司安排去當籃球暑期密集班的教練，因為我有C級籃球教練證照，我本身自己也是籃球校隊

說明：1.文字內容主要摘自111學年度上學期學生實習期末書面報告內容。
　　　2.包含110學年度下學期休閒農場、展館實習學生實習心得。

附錄14-2　休閒系實習單位業者對學生之正向評語（110-1、111-1）

實習單位評語
1.管理活動創新企劃規劃設計
1-1　在工作計畫能力上，剛開始時有待加強，之後有完成一個標案以及各個活動。
1-2　積極參與工作（如，企劃書排版、各種活動參與）。
1-3　積極學習（如；繪圖、寫提案、場勘、活動舉辦等）。
1-4　第一個協助編輯校刊的實習生。
1-5　於實習期間表現優異，且學習速度和文書都非常有效率。
1-6　主動熱忱，參與活動執行很熱絡，參與聖誕節活動企劃與執行表現佳。
1-7　參與聖誕節活動企劃。
1-8　工作安排執行力佳，學習能力佳，主動積極。
1-9　遇狀況可依指導流程去處理。整體表現不錯。
2.多元文化思維人文素養關懷服務

（續）附錄14-2　休閒系實習單位業者對學生之正向評語（110-1、111-1）

實習單位評語
2-1　會幫忙同事（如協助排版及提想法、協助各項事項）。
2-2　主動協助其他同事工作。與同事相處和睦融洽。
2-3　和同事、廠商、客戶及參賽者（輪網）等相處得不錯。
2-4　在各活動上與參賽者及廠商相處融洽。
2-5　表現佳，曾被入住客人稱讚喔，值得表揚。
2-6　學習快也容易和同仁打成一片。
2-7　與同事相處融洽。
2-8　熱情活潑顧客服務值得讚許。
2-9　不論面對夥伴或是顧客總是盡善盡美熱情迎人。
2-10　團隊活動及事物都不吝嗇參與。
2-11　在實習過程中，貼心地觀察工作夥伴的狀況，善於陪伴長者。
3.表達溝通協調導覽解說
3-1　遇到問題會主動詢問。
3-2　主動執行例行與其他事項異常狀態發生立即回報。整體表現不錯。
3-3　主動回報檢討改善。
3-4　實習表現良好，有辦法跟外國顧客溝通，非常棒。
3-5　努力參與行程並勇於表達、回應自己的想法。
3-6　可以獨自與廠商及客戶進行溝通。
4.推廣行銷
4-1　能積極配合門市各項訓練、認真學習拉花技能、對於門市各行銷活動積極投入、積極行動勇於挑戰現狀。
4-2　具親和力，能夠依照指示和顧客介紹產品。
4-3　學習態度主動積極，做事認真負責，配合公司進度達成任務。
5.其他核心能力
5-1　能按時完成相關工作。
5-2　辦事項處理能力佳，學習能力優。
5-3　使命必達。
5-4　現場指導認真學習，現場服務流程有問題被指正時能及時改善。
5-5　每件事情都竭盡所能並勇於承擔、對於交辦事項能盡力完成。
5-6　有一定的工作能力和責任感，對於負責的工作事項會認真去執行。
5-7　實習期間表現敬業精神，工作細心，虛心好學。
5-8　樂於助人，能按時完成相關工作。

說明：1.資料為110學期第一學期及111學期第一學期，個案教師有教授休閒產業實務實習課之資料。

　　　2.配合本研究核心能力分類選取內容對應之評語。

附錄14-3　休閒系實習單位業者對學生負向評語（110-1、111-1）

實習單位評語
1.管理活動創新企劃規劃設計
1-1　在業務技術能力上，剛開始有待加強。
1-3　業務技術能力未來建議學一些設計軟體技能。
1-4　書寫上也偏向描述事情內容，少有進一步分析，或在獲得一些感受進行更深的反思。
1-5　實習週誌常有遲交情況。
1-6　曾未依作業流程標準操作影響現場作業。
1-7　偶有遲到次數很少。
1-8　多次遲到影響現場工作。
1-9　執行檢核時缺乏客觀資料評斷。
2.多元文化思維人文素養關懷服務
2-1　缺乏溫度與反省能力。
2-2　與客人交流及偶發事件能力尚待加強。
3.表達溝通協調導覽解說
3-1　後期飲品、甜點研發階段，較缺乏計畫與溝通。
3-2　內向，社交能力尚待加強。
3-3　緊急事件處理及顧客服務能力須加強。
4.推廣行銷
4-1　於瞭解事情的積極度，尚有很大的進步空間。
4-2　需更展現積極學習及工作狀態。
5.其他建議
5-1　未來建議學習一些電腦軟體技能，加強自己專業。
5-2　工作欠熱情，學習態度欠佳，尚需加強積極態度。
5-3　工作態度須再積極認真，出勤狀況不佳，態度需更加圓融。
5-4　實習參與積極性不高。
5-5　身體狀況與作息不太好，有多次遲到或者臨時請假的狀況。
5-6　太常臨時請假也常劃休，學習狀況不佳。
5-7　儀容可再加強。
5-8　未能分辨工作內容輕重緩急，未能有效找到適當方法，處理清潔上的問題（誠實、虛心、勇於認錯）。
5-9　執行能力佳，雖然有自己的步調，但尚能完成囑附工作。
5-10　行為僵化，尚須更有彈性處理事情。
5-11　不能針對事件本身做良好的回應。內向、主動性不足。
5-12　社團活動很多，經常在上班時間忙社團活動，連實習自評也有三催四請。
5-13　犯錯易找理由，心態需調整。
5-14　書寫上也偏向描述事情內容，少有進一步分析，或在獲得一些感受進行更深的反思。

說明：1.資料為110學期第一學期及111學期第一學期，個案教師有教授休閒產業實務實習課之資料。

2.配合本研究核心能力分類選取內容對應之評語。

第十五章
素養導向教育實踐研究

- 總結檢討
- 建議

本書內容大學教育為主，探究近年教育界頗為盛行的素養‧核心能力意義與內涵，且描述大學社會責任政策推動下，地方大學教師為盡社會責任而努力於教學上採取策略性連結方式。本章以書名「素養導向教育實踐研究」為章題，進行全書內容之總結摘要，且針對大學休閒系素養核心能力培育提出建議。

一、總結檢討

休閒系在臺灣的大學創系以來，由體育學校創設休閒運動系、私立大學暨科大創設休閒事業管理，本書中所述之個案學校也創設了休閒產業管理。臺灣大學設立休閒系的情況，在第九章已予以回顧。

本書內容所選擇之個案學校其休閒系隸屬文化與創意學系是全臺大學唯一，系名為休閒產業管理。該校休閒系其教育目標以為休閒產業「培養具有多元文化觀的規劃與推廣人才」；以及「培養具有多元文化觀的運動企劃與指導人才」所訂定之核心能力由課程地圖所示學生在必修課程應培育有「設計規劃休閒產品與服務活動的能力」、「導覽解說休閒產品的推廣能力」、「具有創意與溝通的能力」，即設計規劃力、導覽解說力、溝通與服務力是學系三大核心能力，設計規劃與導覽解說必然是針對休閒產品。另該系運動關聯核心能力以學系設有遊憩運動模組課程選擇者之核心能力，另選擇修習休閒文創規劃模組者之核心能力為「設計規劃休閒產品與服務活動的能力」（第十章）。

在綜整各校資料（第十章）公立學校休閒系系名多包括運動，依學系學院屬系分析休閒系得到之結果以餐旅、觀光類之學院學校最多，其次為商管管理學院和民生福祉服務關聯學院、再其次為運動體育教育學院，公立運動教育管理為特色、私立以餐旅觀光民生為特色，休閒系

第十五章　素養導向教育實踐研究

由系名管理、運動、遊憩、娛樂、餐旅、觀光、健康、保健、養生、身心整合、文化資源連結是休閒系之專業知識範疇，若為學以致用、學用合一之休閒系學生畢業後未來產業即為與運動、遊憩、娛樂、餐旅、觀光、健康、保健、養生、身心整合、文化資源等相關工作的管理。

全國各校休閒系所訂出之核心能力經由彙整分類分析（第十章）包括知識專業知能能力、調查分析研究能力、問題解決實作體驗能力、推廣行銷能力、表達溝通協調導覽解說能力、管理活動創新企劃規劃設計能力、多元文化思維人文素養關懷服務能力、國際視野競爭力自主學習能力、多元語文外語能力、倫理道德思辨態度能力、團隊合作能力、資訊應用電腦使用能力。若參照第三章對大學生素養導向核心能力之相關研究進行比較，有研究者將大學生核心能力包括了批判思考、行動力、抗壓性、公民意識、自我瞭解與內省、國際觀（簡瑋成，2017），其中行動力與休閒系學生核心能力之問題解決實作體驗能力應較為接近，批判思考與自我瞭解與內省可能與休閒系校所列出之多元文化思維自主學習能力有所關聯、國際觀與國際視野之意思應較為相近。大學生全球素養指標之建構之研究所導出四大構面溝通、環境、職涯、文化（李隆盛、賴春金、潘瑛如等，2017），溝通能力是休閒系也有列出之能力。有研究所列出大學生認知與情意之素養包括了創新領導、解決問題、終身學習、溝通合作、公民社會、美感素養、科學思辨、資訊素養、生涯發展、人文素養，其中，領導、終身學習、公民社會、美感素養、科學思辨、生涯發展是休閒系各校所列之核心能力不同，科學思辨與調查分析研究能力應屬較有關聯。攸關大學生感知之能力有管理和規劃、更高的認知技能、品質管理和創新、表達和溝通、知識社會和團隊合作的重要性，且學生強調優先考慮溝通和書面表達能力、協調和解決衝突能力、協調他人工作的能力、批判推理能力、搜索相關訊息能力、決策、協調工作能力、溝通和口頭表達等（Sáez-López, Domínguez-Garrido, &

Medina-Domínguez等，2021）。部分學校休閒系所訂定之核心能力訂定較偏重專業，另一部分休閒系所訂定之核心能力可能亦包含一般較為通識課程所培養之能力，例如，多元語文外語能力、倫理道德思辨態度能力有可能與通識課程核心能力有關聯，故多元語言與專業課程而從第十章所整理出各校休閒系所訂定之核心能力，例如問題解決、表達溝通、多元文化思維、人文素養、關懷服務能力、自主學習能力，和第三章各研究所舉出之大學生核心能力則幾乎是類似相通的，換言之，這些核心能力可以說是任一學系大學生普遍被期待的素養，而公民社會、科學思辨、終身學習、資訊素養是亦可說是現今社會每一位成人公民所被期待之素養（第三章）。由此歸結，此研究與休閒系核心能力不同之處包括休閒系之推廣行銷能力、導覽解說能力、活動與服務，由於核心能力也就是知識、技能、程序、方法、情意、態度、倫理（第三章）故休閒系核心能力指休閒專業的認知、規劃管理或設計執行或許能具有較有創意或創新的活動與服務的休閒任務，能認識產品行銷解說銷售和推廣休閒產品是休閒系學生之核心能力，休閒系工作仍是與消費者、學員、被服務者關聯性高的工作，能與工作團隊或消費者、學員、被服務者等人相處之溝通協調、合作等是休閒系學系專業或未來就業重要應培養之核心能力，也是和一般大學生其他學系特質不同的能力。如此說來，本書所選取之個案學校歸納其核心能力實際上亦為休閒活動與休閒產品之設計規劃力、導覽解說力、溝通與服務力，和它校休閒系綜整結果一樣。

根據財團法人高等教育評鑑中心基金會（2021）公布「評鑑觀察-學生核心能力訂定」提到須依據學生核心能力開設課程，且學生核心能力既定為核心，對應開設的課程宜包含必修課程。本書在第十一章）呈現個案學校分類後必修課程，基礎課程指基礎理論和基本能力，學院院必修課「創意原理」，以及「會計學」、「經濟學」、「管理學」等為基礎課程；學系獨具特點的課程「休閒遊憩學」、「休閒服務學習」、

「休閒運動概論」、「休閒心理學」、「休閒政策與法規」、「休閒活動設計與評估」等為學系核心課程；整合性的「休閒產業實務實習」、專題研討等課程列為總整課程。

(一)教育實踐之歷程

高等教育改革課程設計注重學生學習成果與核心能力的養成；系課程以學生能力為核心的課程為主，故先界定學系發展和和特色以確認性質與內涵，確定系人才培育所需之能力，規劃學系課程內容與架構，選擇適當教學取向。

大學社會責任近年高等教育校務發展之重要項目，也提供高等教育經營對大學功能定位的再次省思機會。高等教育樣貌與責任是應對地方社會、經濟社會、國際社會發展予以貢獻的責任；且大學教育應引導學生培養奉獻社會精神，大學能夠提供教育資源、活絡地方；期待學校教育由課程與學習而見期成效。（第四章）

大學一直以學院、學系區分，同一學院即為同一學科主題領域，同一學院或同一學系教師之學術專長亦為同一學科主題領域。大學教師隨時代更迭賦有教學、研究以及服務的專業任務，也因社會變遷及發展而扮演不同的角色（孫志麟，2007）。近年（107學年度至今）推動「大專校院教師教學實踐研究計畫」期大學教師重視教研合一提升大學教學品質；2017年7月行政院核定教育部高等教育深耕計畫因「我國大學……忽略對在地問題應有之關注與投入，未能有效促進研發成果帶動產業與社會發展……」故「接下來大學應該要思考如何發揮更大的在地關懷與產業影響，協助周邊的環境、學校及產業的發展，提高大學的社會責任與影響力」。教導學生培育核心能力輔導生涯發展、培育公民素養、拓展國際視野，或讓學生在全球社會下擁有其競爭力（第四章），

顯然各大學間大學教育功能與大學教師的責任定位不甚明確也始終都被高度予以期待，具有理想性的擴張傾向。

各大學所在位置不同，學校的特色不同，學系專業傾向、教師學術、各學校入學學生的來源、程度亦不相同。臺灣的大學曾經分類定位，而日本大學在推動地方創生爭取補助金時也曾經區分過大學任務（第五章），換言之，原本各校定位不同本應允許發揮不同的功能，但在高教經營困難的情況，特別是私立大學，很難願放棄爭取任何補助金的機會，大學定位與責任、大學教師責任與任務區分似乎仍模糊不明。

學系朝確立教育目標、訂定核心能力，其呼應學校治校理念、設院設系理念、學院核心能力是目前各系的責任與任務，各系畫設課程地圖，協助學生理解課程學習脈絡路徑達成評鑑指示指標、政策推動方向而運營系和品質保證，各系根據教育目標開設課程，也訂定可以培育其核心能力之課程。

本書列舉了一門課程實施的內容說明個案學校個案教師對於課程運營規劃的想法和做法。個案學校休閒系核心能力包括「具有創意的能力」綜整各大學休閒系所利核心能力，休閒系需要管理活動創新企劃規劃設計能力。就創意原理課課名本身則符合其核心能力培育，一年級新生課故屬基礎課程。休閒系核心能力「設計規劃休閒產品與服務活動的能力」、「導覽解說休閒產品的推廣能力」、「具有創意與溝通的能力」，服務學習設計與參與服務活動，和同儕團隊合作和被服務單位溝通，也是符合其核心能力培育課程。

◆地方創生大學社會責任議題的反思

地方創生的目標是期待發展地方人口有意願向地方流動之人口政策。然個案學校所在地周邊三城鎮以學校所在地區人口最少，在地人口老幼居多，如何吸引青年人有辦法在地方改善與滿足能學習獲得教育的

環境和安穩感,都會區為何父母須將幼兒送往鄉村等複雜的問題,從地方人士所透漏的訊息或許才可能可以瞭解到什麼才是該地方真正值得探索的問題。

基於地方學在地方創生政策上是一種辦學、教學和研究取向。在文獻探討中提到日本各校亦發展出地方學課程,像是茨城大學將茨城學列為必一共同課程。2022年臺灣也開始出版大學地方學形塑與發展的論文集專書,臺灣的大學課程與教師研究、責任也朝著大學投入區域研究。大學教師實踐社會責任素養導向教育的實施行動區域可以學校週邊地方,從專業性規劃與設計活動,第九章休閒教育內涵提及有研究者提到鄉村旅遊可以成為獨立的研究課題,人們對傳統和鄉村真實生活的興趣結合市場和經濟力量可以改變了城鎮景觀設計甚至吸引國際客戶(Gartner,2004)。或許,政府若持續重視地方創生則對地方的大學和休閒系的發展會是一個好的契機。教師可投入區域性之研究,學問和學術士透過累積而建構,有了深入的理解才可能引導學生學習探索與解決區域性問題。

◆學生對地方認識機會的反思

配合政府的一些政策、教育的政策、社會的趨勢,大學教師調整課程內容或學習策略也是大學教師責任之一。教師則須在正課中融入地方特色探索或深究的機會,符合課程科目意涵,或許沒納入課程內容,就沒機會得知語言不同、建築不同、曾有的文化消失、當地人利用在地產務所發展出來的生活方式與人、事、物的故事。休閒系核心能力「設計規劃休閒產品與服務活動的能力」、「導覽解說休閒產品的推廣能力」、「具有創意與溝通的能力」不正也應該以此學習內容奠基,才可能對產品、活動,導覽與推廣有刺激產生創意和達到溝通、學會表達導覽之可能。

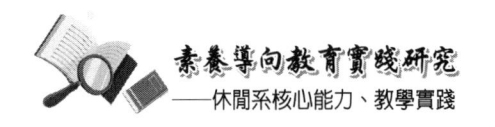

透過專題分析（第十三章）學生透過學校教育的學習的經驗歷程，有了問題導向意識，學習蒐集資料、訪談、見習觀察、調查統計地去解決想理解的問題，透過正式發表經驗訓練表達能力，不但對大學附近地方、對自己家鄉地方有了不一樣的理解，學生本身也加強了「素養」核心能力。

◆ 地方意象

除了對美好地方鄉村景觀的喜歡，與「人」接觸親切、樸質、有的互動合作等是改變對地方意象的方法。與地方人士的接觸、去實際看到城鎮街巷景觀、去幫助附近學校辦活動，在地方辦營隊讓地方學校的孩童有機會到大學看看，唱與地方有關的歌、聽與地方有關的人事物故事。體驗在地真實的生活，例如，午餐大家則到美濃的粄條街吃中餐，有趣的是同學們發現非假日的平日粄條街其實是蕭條而生意冷淡的，導覽人員說「做生意的人感嘆，平日再怎麼努力也做不到生意，假日則隨便做做也有客源」，顯示地方若以觀光為經濟來源的主要收入，則現況是觀光客僅於假日出現，然學生在吃了地方小吃後，仍認為雖然客群不多，平凡的在地小吃亦非常美味能飽足一餐，也是對食農文化的體驗；每年二至四月初周末假日美濃區人潮湧現，因為該區祭祖掃墓習俗是在每年農曆年後到清明節前的期間辦理，與臺灣其他地區閩南文化不同。在服務性的學習課程學生能透過真實情況的理解，創造符合實地場域可執行的活動方式。

個案大學本以家政民生之教與養的形象與特色而建設校，主校區位於臺北市、南部地方設校區亦近30年，能在休閒體育與時尚服裝等健康活力和生活藝術上成為在地翹楚之特色學校。個案教師以教學行動在教育實踐過程培育休閒系學生學習核心能力而努力，積極地想方設法配合地方創生人才培育理念，在創意原理的基礎課程學習，提供學生與地方

他校有人與人、活動和合作的接觸機會,因為地方好的意象就是有好的尊重、善良友愛與祥和的道德意象。

以上,教學實踐研究計畫補助是個案學校列於教學評鑑之績效表現評鑑項目之一,在教師評鑑中並不被列為研究績效。對所有教師而言,〈大學法〉明定教師有從事授課、研究及輔導之工作。教師日常就會實施這些任務,獲得補助可以獲得績效有益評鑑考核,而補助金或許可以獲得偏鄉學校支應學生校外教學之車資與保險費用等補助,也可能之應邀請校外講者講演之鐘點費用,然教師設計教學基本上都期待預先安排,如果具涵太多未知數,教師可能會傾向採取安全可行的機制去執行課程。

有學界專家認為休閒課程以活動規劃與設計最重要,其次為休閒產業專業知識;而業界專家認為實習最重要、活動規劃與設計其次(莊翔達、蕭富鴻、林雲燦,2017)。教師如何透過結合活潑、動態和富涵知識內涵的課程教學,有利於學生做中學到如何設計含休閒知識的專業性活動設計規劃,實習則提供實際不斷重複演練複習熟習休閒專業知識的機會。

(二)核心能力表現

地方創生期待城鄉均衡發展,大學社會責任期待教學型大學與所屬教育生態圈的城鎮協力創造人、工作的能力養成。本研究個案學校採取720小時半年實習制課程實施,或許在非技職體系的綜合大學是較少採取之實習制度。畢竟,學系選擇實習單位、教師媒合、協助簽約,學生真正在職場學習內容教和學的問題與學生在職場生活適應輔導面都較難處理。學生若能力不及,則在實習單位工作也會表現不如預期,可能影響自信心,學生若工作表現不佳,則對實習單位也會感到困擾,系上

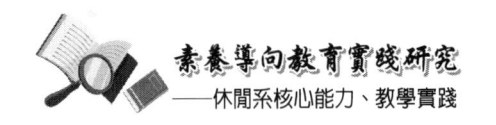

和實習單位之合作關係也難以延續。另一方面，實習單位若需要再花人力與時間去教導帶領實習生，則對實習單位來說畢竟是營業單位，則也會算計核算不合算，通常較大的企業，較能有組織有系統地去規劃實習生的培訓，但學生可能只能有機會擔任各分店的基層工作的實習體驗機會。對中小型企業學生就需要有較強的主動性和開創性，嘗試性的計畫案或產品製作，能支援一般性工作則。有教學實踐研究分析，學生參與企業實際運營與專案提出解決方案的課程設計，認為可以提升學生自效能與創業態度之創業技能，對自我效能及創業態度較高的學生同時呈現較高的自行創業意願（林希軒，2020）。

　　針對學生工作表現，學生實習表現雖有正向也有負面的評語（第十四章），但整體來看個案學校休閒系學生實習表現能受到實習單位業者肯定。一群學生必修參與實習則仍有能力強與能力弱、態度佳與尚亟努力者；同一份工作適合這學期去實習的學生，卻不見得對下學期去實習的同學能夠適應，但產業實務實習學生表現仍提供系上不斷檢核學生未來可能工作就業核心能力達成與否，並也能對系課程科目、教師教學是否需要加強調整之依據。

　　就總整實習課程之教師責任而言，教師接受擔任實習老師的任務，由於無法實際授課和教學，實際工作多在處理行政（簽約送印）、學生校外生活適應之輔導，以及和學校、實習單位和學生（或家長）之聯絡溝通協調事務，故是否為大學教師責任與任務，現在大學的功能究竟為何，如何定位以確認教職員工學生或合作對象等職責仍須討論。另一方面，由於實習課程授課教師重要角色是擔任學生與實習單位間的協調者，以及學生的職場生活與能力適應可以聯繫支持和協助處理的輔導者，教師在帶領實習教師也是能有收穫，可以透過學生的報告和視察時認識該單位，本身也必須不斷持續學習，專業相關產業與工作型態的持續再認識、職業介紹、勞動法規與學生職業性去探索、職涯諮詢輔導

等。

最後，相信經濟穩定、人民對生活品質要求與提升，對休閒意識的提升，就會追求優質的休閒活動參與，休閒系學生透過專業核心能力加強在認知、技能、文化、職涯，對學生生涯經營有益，對地方人民生活有益，對人類社會人民能充實生活與提升生活品質與領略生命生存價值地參與活動，社會多了更多能關懷他人的專業人。

二、建議

本書動機置於「系核心能力教育實踐」之研究，分析在政府推動大學社會責任或地方創生等政策呼籲之背景下，大學學系、教師則配合或反省應透過教學實踐達到加強學生核心能力學習與學校教育目標的脈絡分析研究。採以國內高等教育廣設大學後新興的休閒系為研究主題，目的則透過地方大學私校之個案為主的分析，分析了休閒系學生核心能力與培育之教育實踐歷程。在文獻探討中先探究休閒學習的內涵，釐清大學生素養的定義與核心能力項目，並以大學社會責任為標題，由大學社會責任定義、大學教學品質保證機制內涵，到近年關聯之地方創生政策加以說明，以近年臺灣教育部才開始的教學行動計畫主題瀏覽分析瞭解大學教師從事了那些教學研究和計畫行動。換言之，研究方法採取脈絡分析、分類分析等手法，以及教師行動研究分析。本論則分析研究休閒系核心能力，以個案深入的探究闡述教育實踐的脈絡。本研究的意義乃從文獻資料著手分析臺灣休閒系創系是如何開始，個案學校休閒系創系培育人才之目標，在彙整各學校休閒系核心能力瞭解大學休閒系教育，以及以個案教師教學分析認識系教育的實踐歷程；透過個案典範提供大學學系規劃學生學習之重要參考資料。

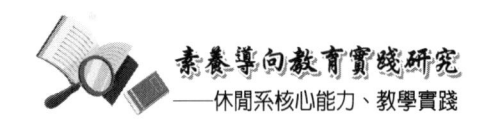

彙整本書內容可簡短歸納結果如下：

第一、臺灣大學的休閒系隸屬管理、師範、人文、觀光、民生、文化關聯等學院，個案學校透過評鑑檢討機制將系教育目標定為為休閒產業培養具有多元文化觀的規劃與推廣人才；以及為休閒產業培養具有多元文化觀的運動企劃與指導人才兩項，核心能力定為設計規劃休閒產品與服務活動的能力、導覽解說休閒產品的推廣能力、具有創意與溝通的能力三項；和各校核心目標在推廣行銷、表達溝通協調導覽解說、管理活動創新企劃規劃設計、多元文化思維人文素養關懷服務等項目之意義相通。為配合社會變遷，休閒系課程從創系初期至今課程科目多有改變，必修課實作實習學分數大幅提升，選修課課程科目多樣但語言學習科目減少，必修課程現今著重實作體驗課程，顯示個案學校休閒系有配合呼應社會經濟政策與教育環境、學生學習興趣調整課程科目。

第二、個案學校教師以教學行動在教育實踐過程積極地想方設法配合地方創生人才培育理念，在創意原理的基礎課程學習，除需保有原課程科目名稱意義，也針對學生年級適性，先引導學生實地查訪經驗，教師逐步建構地方學習知識的教材內容為目標；並透過核心課程服務-學習，提供學生與地方他校有人與人、活動和合作的接觸機會，也藉此培育休閒系學生學習能在推廣導覽、創意、溝通之核心能力奠基而努力，即為休閒系教育實踐的歷程。

第二、個案學校休閒系學生休閒產業實務實習課為為期較長之實際未來職場工作的體驗學習機會，個案學校休閒場域包括社區大學‧文化園區、運動‧俱樂部、民宿‧渡假村‧農場‧景觀展覽館、觀光飯店、咖啡餐飲等企業，從事櫃台服務、產品銷售、教學指導、活動辦理執行的撰寫計畫標案的文書工作、會計、場地會勘、媒體宣傳等工作內容；實務實習中提供學生核心能力培育的表現機會，雖然學生個別表現有好有壞，部分學生仍須加強能力、表現仍有改善空間，但整體而言，能受

到實習單位良好評價的學生較多,顯示學系積極努力於培育學生核心能力,學校亦盡心發揮教育實踐功能。

依據研究結果,針對學校教育端與政府部門提出之建議如下:

第一、休閒系之分析與分析休閒產業事業學系核心能力之分析,得知休閒系學生核心能力推廣行銷、表達溝通協調導覽解說、管理活動創新企劃規劃設計、多元文化思維人文素養關懷服務為重,大學端休閒系課程設計與學習活動之安排設計宜朝向此方向安排課程,提供多樣的體驗學習機會。建議大學端與教師宜充實認識學校校園內外環境與資源構築課程彙整成教材與教學資源,以借力使力透過由學校本位之發展為開端,引導學生先學習校園周邊環境資源的認識規劃與學習,運用得遷移至未來實務工作。

第二、休閒系學生重要核心能力管理活動創新企劃規劃設計,推廣與行銷、多元文化思維人文素養關懷服務等,宜適當地增加學生在當地得以操作之實務實作課程內容,特別是針對學科能力較弱之學生,宜由實作開始引導,引起學習動機;設計有機會與人接觸,加強對人的興趣與關懷,能主動觀察別人的需要之機會,本研究者建議休閒系生基於從事與人接觸與服務他人之工作內涵,應對各年齡層身心發展的認識身心適應健康相關之知識,得應加強此類課程。此外,藉由學生在地生活,在地公家單位設施與民間機構能與校方保持交流連繫,平常提供學生服務與學習機會,互相扶持與共創美好之機會,學生能強化對在地的良好意象。

第三、本研究於分析個案學校教師教學設計,可以發現教師對一門課的教學需要透過教師知識與經驗而計畫,回顧學系發展、社會環境、政策配合,修業學生學習經驗等,事實上一門課往往需要較為長期的經營與計畫,並透過每屆學生的學習回饋而不斷地修正調整教學;還要透過政策推動的融入與教師的策略提出而調整教學。因此,教育實踐並

非短期計畫補助所能對應坐收教學實踐成果，建議需要讓教師事先知道能有多少支援能穩健經營設計學生學習。政治政策與社會安定對國民休閒的重視程度有極大之影響，未來世界瞬息萬變，學校教育實踐仍應隨時關注社會的變化，唯有安定穩健的環境、社會經濟繁榮、國民生活品質休閒產業事業才能有發展，也影響一個國家對休閒產業人才培育的需求。地方創生地方人口增加，主要還是提供能工作、教育資源、在地能安定生活的環境，才能對地方產生好的意象；地方大學和地方能否穩健發展對地方可能是雙贏或雙輸的結果；也就是說，大學要如無法先穩健在地方發展便難以對在地發揮大學功能與達到服務社會責任，建議政府教育部、高等教育主管單位、私校董事方皆應該先能提出改善高教大環境的策略和未來發展方向，才能讓受高等教育者能發揮才能，貢獻於社會。

參考文獻

一、中文部分

「教育部補助大專校院開設具服務學習內涵課程作業要點」。https://edu.law.moe.gov.tw/LawContent.aspx?id=FL045164，最終查詢日期：2023年7月3日。

108年度休閒系評鑑報告（2019）。（未出版）

上報快訊（2022.4.16）。〈少子化仍無解 大專院校恐面臨雪崩式倒閉〉。https://www.upmedia.mg/news_info.php?Type=24&SerialNo=142509

大葉大學休閒事業管理學系。https://rm.dyu.edu.tw/courseplan.php。最終查詢日期：2023年1月24日。

大學法。https://edu.law.moe.gov.tw/LawContent.aspx?id=FL008606&kw=%E5%A4%A7%E5%AD%B8%E6%B3%95。教育部主管法規查詢系統。最終查詢日期：2025年7月6日。

王御風（2011）。〈地方學的發展與挑戰〉。《思與言：人文與社會科學期刊》，49卷4期，頁31-55。

以領域查詢─遊憩、運動和休閒管理細學類（moe.edu.tw）。最終查詢日期：2023年1月24日。

休閒管理學群。「ColleGo」網站。https://collego.edu.tw/Highschool/MajorIntro?current_major_id=123。最終查詢日期：2023年6月15日。

休閒管理學類。「ColleGo」網站。https://collego.edu.tw/Highschool/MajorIntro?current_major_id=123。最終查詢日期：2025年7月19日。

各學門分析報告。https://sites.google.com/view/tprpncku/%E9%97%9C%E6%96%BC%E8%A8%88%E7%95%AB/%E5%90%84%E5%AD%B8%E9%96%80%E5%88%86%E6%9E%90%E5%A0%B1%E5%91%8A。成大─教學實踐計畫專區。最終查詢日期：2025年7月15日。

江育真（2017）。〈考大學：休閒系學什麼〉。大學問。https://www.unews.com.tw/News/Info/729，最終查詢日期：2023年6月15日。

江宜芷、林子斌（2020）。〈當「大學選才」遇見「高中育才」——大學多元入學考招改革的批判論述分析〉。《教育研究與發展期刊》，16卷1期，頁1-34。doi:10.6925/SCJ.202003_16(1).0001。

自由時報（2021.9.27）。〈東高雄運動園區落腳美濃國中 陳其邁：投入1億打造明年8月後開放〉。https://news.ltn.com.tw/news/life/breakingnews/3685478。最終查詢日期：2023年2月4日。

行政院教育改革審議委員會（1995）。「第二期諮議報告書」。臺北市：行政院。

行政院教育科學文化處（2019）。〈大學社會責任實踐（USR）計畫推動情形〉。https://www.ey.gov.tw/Page/448DE008087A1971/c1cd8b0e-c129-4fa8-a887-7ee3d68c5e93。最終查詢日期：2023年4月23日。

余嬪（2000）。〈休閒教育的實施與發展〉。《大葉學報》，9卷2期，頁1-13.

吳京玲（2011）。〈建構大學生核心能力架構之研究——分析學術界與產業界的觀點〉。《通識教育學刊》，7期，頁9-38。

吳忠宏、范莉雯（2003）。〈以九年一貫課程為架構之休閒教育模式與內容〉。《戶外遊憩研究》，16卷1期，頁1-23。

吳清山（2017）。〈素養導向教育的理念與實踐〉。《教育行政與評鑑學刊》，21期，頁1-24

吳清山（2018）。〈素養導向教師教育內涵建構及實踐之研究〉。《教育科學研究期刊》，63卷4期，頁261-293。

吳清山（2018）。〈教育名詞－大學社會責任〉。《教育脈動》，頁15。取自https:// pulse.naer.edu.tw/Home/Content/78069cec-d3b6-4097-b986-60007209816e?in sId=91ab8aef-7dae-4133-8bf3-30ff7a11530b

吳璧純、詹志禹（2018）。〈從能力本位到素養導向教育的演進、發展及反思〉。《教育研究與發展期刊》，14卷2期，頁35-64。

呂建政（1999）。〈休閒教育的課程內涵與實施〉。《公民訓育學報》，8

期，頁181-195。

呂瓊瑜、黃孟立、李欽明（2015）。〈餐旅業內部行銷作為對實習生情緒能力與服務態度之影響——以中南部觀光餐旅休閒科系實習生為例〉。《運動休閒餐旅研究》，10卷2期，頁40-59。

宋幸蕙（2000）。〈臺灣地區國民中學教師對「休閒教育」課程期望之研究〉。《公民訓育學報》，9期，頁337-365。

技訊網2023。國立勤益科技大學-健康產業科技研發與管理系。https://techexpo.moe.edu.tw/search/profile_depinfo.php?seq=1011。最終查詢日期：2023年1月25日。

技職網2023。樹德科技大學-休閒觀光管理系。https://techexpo.moe.edu.tw/search/profile_depinfo.php?seq=4506。最終查詢日期：2023年1月26日。

李隆盛（1999）。《科技與職業教育的展望》。臺北市：師大書苑。

李隆盛、李懿芳、潘瑛如（2015）。〈「國中生能源素養量表」之編製及信效度分析〉。《科學教育學刊》，23卷4期，頁375-395。

李隆盛、賴春金、潘瑛如、梁雨樺、王玫婷（2017）。〈大學生全球素養指標之建構〉。《教育實踐與研究》，30卷1期，頁1-32。

李曄（2021）。〈逼真到不敢吃？日高中生開發「特殊造型蒟蒻」醜萌樣掀美食料理PK戰〉。《自由時報》。https://food.ltn.com.tw/article/11437。最終搜尋日期：2023年6月14日。

周宛青（2022）。〈從臺灣大學生的跨文化經驗省思跨文化素養議題〉。《課程研究》，17卷1期，頁69-88。

東海大學網站，〈認識東大〉。https://www.thu.edu.tw/web/about/detail.php?scid=3&sid=15。最終查詢日期：2023年6月14日。

林月雲、吳思華、徐嘉黛（2020）。〈教育創新生態系統的生成與演化〉。《清華教育學報》，37卷1期，頁1-39。

林希軒（2020）。〈導入「產學專案」之創新餐旅創業課程——學生學習與課程成效評估之研究〉。《教學實踐與創新》，3卷2期，頁87-136。

知識。維基百科。https://zh.wikipedia.org/zh-tw/%E7%9F%A5%E8%AF%86。最終查詢日期：2025年7月17日。

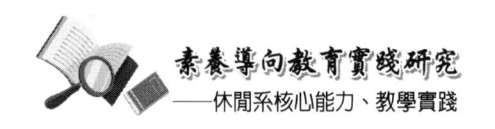

金震燮（1988）。《現代餘暇論》。館雪出版社。

南臺科技大學休閒事業管理系日間部四技課程規劃進路圖。https://leisure.stust.edu.tw/Sysid/leisure/files/%E8%AA%B2%E7%A8%8B%E4%BB%8B%E7%B4%B9/%E9%80%B2%E8%B7%AF%E5%9C%96/%E9%80%B2%E8%B7%AF%E5%9C%96PDF/%E6%AA%94/1%E4%BC%91%E9%96%92%E7%B3%BB%E6%97%A5%E5%9B%9B%E6%8A%80%E8%AA%B2%E7%A8%8B%E5%9C%B0%E5%9C%96%E4%BF%AE%E6%AD%A3_2016.08.16.pdf。最終查詢日期：2023年1月25日

胡夢蕾（2008）。〈我國技專院校餐旅管理科系學生人格特質、創業環境與創業態度之研究〉。《餐旅暨家政學刊》，5期，頁349-375。

高俊雄（1998）。〈運動休閒偏好選擇後天培養說〉。《大專體育》，35期，頁9-10。

高俊雄（1999）。〈休閒教育之理念、規劃與實現〉。《學生輔導》，60期，頁8-19。

高級中等教育法。https://edu.law.moe.gov.tw/LawContent.aspx?id=GL001143&kw=%E9%AB%98%E7%B4%9A%E4%B8%AD%E7%AD%89%E6%95%99%E8%82%B2%E6%B3%95。教育部主管法規查詢系統。最終查詢日期：2025年7月6日。

高級中等學校應屆畢業生升學就業概況調查。https://depart.moe.edu.tw/ed4500/News_Content.aspx?n=48EBDB3B9D51F2B8&sms=F78B10654B1FDBB5&s=1547C271DEDAE960。教育部統計處。最終查詢日期：2025年7月6日。

高級中等學校應屆畢業生升學就業概況調查結果提要分析。https://stats.moe.gov.tw/files/investigate/high_graduate/110/110high_graduate_ana.pdf。教育部全球資訊網。最終查詢日期：2025年7月6日。

國立屏東大學休閒事業經營學系。https://leisure.nptu.edu.tw/p/412-1103-1201.php?Lang=zh-tw。最終查詢日期：2023年1月25日。

國立臺東大學文化資源與休閒產業學系。文化資源與休閒產業學系110學年度課程綱要。https://soc.nttu.edu.tw/p/406-1033-112743.r53.php?Lang=zh-tw。

國立臺東大學身心整合與運動休閒學系教學品質確保機制。https://dss.nttu.edu.tw/p/406-1024-130117,r371.php?Lang=zh-tw。最終查詢日期：2023年1月26日。

國立臺灣師範大學雲端測驗系統。https://system.rcitepc.ntnu.edu.tw/Introduce.aspx。最終查詢日期：2022年10月20日。

國立體育大學休閒產業經營學系。https://dsmnew.ntsu.edu.tw/p/412-1019-46.php?Lang=zh-tw。最終查詢日期：2023年1月25日。

國家發展委員會（2023）。都市及區域發展統計彙編。https://www.ndc.gov.tw/nc_77_4402。https://ws.ndc.gov.tw/Download.ashx?u=LzAwMS9hZG1pbmlzdHJhdG9yLzEwL3JlbGZpbGUvMC8xNTIyNi8yZGRlZTdiZC0wZmM5LTQ2MmQtYTljZi1hN2Y0Y2MyZWJlM2MucGRm&n=MjMwMzI4LTExMeW5tOe1seioiOW9mee3qF92Ni5wZGY%3d&icon=.pdf。最終查詢日期：2023年4月25日。

張如慧（2019）。〈小型教學型大學的產學合作及其社會意義〉。《臺灣教育評論月刊》，8卷1期，頁53-54.

張春興（2004）。《心理學概要》。東華書局。

張瑞雄（2006）。〈從大學高錄取率看高等教育的未來走向〉。《師友月刊》，471期，頁1-4。

張慶勳（2021）。〈大學永續發展——「好」「大」學追求極大化影響力的思維與策略〉。《臺灣教育評論月刊》，10卷1期，頁27-33。

張瓊方（2018）。《休閒心理學——心理學概念、休閒與管理》。新北市：揚智文化，頁89。

張瓊方（2020）。〈服務學習融入正式課程運營方式之可行性〉。《臺灣教育評論月刊》，9卷4期，頁101-105。

張瓊方（2022）。《地方大學教育生態圈學習地擴散與聚斂——創意原理與服務學習》。教育部110學年度教學實踐研究計畫民生學門，計畫編號PHE1100322成果報告。

悠活渡假事業股份有限公司。經營理念。yes123求職網。https://www.yes123.com.tw/wk_index/comp_info.asp?p_id=97852_84900928。最終查詢日期：

2023年6月7日。

教育制度。https://www.ey.gov.tw/state/7F30E01184C37F0E/c533c870-9854-4344-b325-0239147484bd。（2025/03/31，資料來源：教育部）。行政院國情簡介。最終查詢日期：2025年7月6日。

教育部113學年度大專校院一覽表（學門查詢中餐旅及民生服務學門中的旅遊觀光及休閒）。https://udb.moe.edu.tw/ulist/ISCED。教育部。最終查詢日期：2025年7月12日。

教育部大學社會責任實踐計畫網站，https://youthfirst.yda.gov.tw/index.php/subject/content/7990，最終查詢日期：2025年7月17日。

教育部大學社會責任實踐計畫網站。https://youthfirst.yda.gov.tw/index.php/subject/content/7990。最終查詢日期：2022年10月24日。

教育部全球資訊網。https://www.edu.tw/Default.aspx。最終查詢日期：2023年6月3日。

教育部技術及職業教育司（2017）。《大專校譽推動學生校外實習課程作業參考手冊》。頁1。https://careercenter.ntnu.edu.tw/upload/1581396776.pdf

教育部重編國語辭典修訂本。http://dict.revised.moe.edu.tw/cgi-bin/cbdic/gsweb.cgi?ccd=4vmwwj&o=e0&sec1=1&op=sid=%22W00000005539%22.&v=-2(20210830)

教育部教學實踐研究計畫。〈01.認識教學實踐研究計畫〉。https://tpr.moe.edu.tw/newsDetail/4b1141f26bac716e016bcf7bd1f44289。最終查閱日2021年11月7日。

教育部補助大專校院教學實踐研究計畫作業要點。https://edu.law.moe.gov.tw/LawContent.aspx?id=GL001704&kw=。教育部主管法規查詢系統。最終查詢日期：2025年7月6日。

教育部補助及輔導大學校院推動以通識教育為核心之全校課程革新計畫要點。https://edu.law.moe.gov.tw/LawContent.aspx?id=FL042758&kw=。教育部主管法規查詢系統。最終查詢日期：2025年7月17日。

教育部補助獎勵大學教學卓越計畫及區域教學資源中心計畫實施要點。https://edu.law.moe.gov.tw/LawContent.aspx?id=FL048409

教育部體育署（2014）。「國民運動中心規劃參考準則」。https://www.sa.gov.tw/Resource/Other/f1426493527848.pdf。最終查閱日2023年2月4日。

梁忠銘（2019）。〈日本地方創生政策與文部科學省作為之解析〉。《教育研究月刊》，304期，頁112-125。

莊翔達、蕭富鴻、林雲燦（2017）。〈臺灣大專院校休閒系所課程規劃之研究〉。《運動休閒管理學報》，14卷2期，頁64-85。

許振家（2004）。〈美國休閒與公園協會對休閒專業課程認證制度之介紹〉。《大專體育》，73期，頁95-99。

許順旺、江郁智、唐洧婕、林仲萱、鍾佩晉等（2020）。〈探討大學實習生對餐旅實習環境之觀點及其與工作滿意度及服務品質之相關性〉。《輔仁民生學誌》，26卷2期，頁21-42。

陳古城（1998）。〈周休二日的學校體育課程規劃〉。《臺灣省學校體育》，46期，頁49-51。

陳志仁（2018）。〈借鏡日本地方創生發展經驗〉。《國土及公共治理季刊》，6卷2期，頁18-25。

陳柏熹（2014）。〈電腦化大學生基本素養測驗簡介〉。《評鑑》，47期，頁24-29。https://www.heeact.edu.tw/media/16803/p24-29-%E9%9B%BB%E8%85%A6%E5%8C%96%E5%A4%A7%E5%AD%B8%E7%94%9F%E5%9F%BA%E6%9C%AC%E7%B4%A0%E9%A4%8A%E6%B8%AC%E9%A9%97%E7%B0%A1%E4%BB%8B.pdf。最終查詢日期：2025年7月17日。

陳柏熹（2014）。〈電腦化大學生基本素養測驗簡介〉。《評鑑雙月刊》，16卷47期，頁24-29。 http://www.AiritiLibrary.com/Publication/Index/a0000268-201401-201401090018-201401090018-24-29

陳郁雯、吳禎殷、簡君倫、許建彬、黃良志（2020）。〈畢業即就業？觀旅產業實習生的主動性人格特質與就業力之關聯性──中介與調節效果探討〉。《休閒與遊憩研究》，11卷1期，頁1-43。

陳敬能（1998）。〈周休二日對運動休閒教育之啟示〉。《大專體育》，40期，頁131-135。

朝陽科技大學休閒事業管理系。https://www.cyut.edu.tw/~recruit/Interviewstudent/recruit5.%E4%BC%91%E9%96%92%E7%B3%BB%E7%B0%A1%E4%BB%8B.pdf。最終查詢日期：2023年1月25日。

游振鵬（2004）。〈教育理論與教育實踐的關係及其合理性發展〉。《國民教育研究學報》，12期，頁1-18。

馮麗花（1998）。〈運動性休閒活動初探〉。《大專體育》，35期，頁103-109。

黃宗誠、李泳龍、吳濟民、白宗易等（2010）。〈國內大學休閒相關學系課程規劃結構特性之研究〉。《嘉南學報》（人文類），36期，頁601-613。

黃俊傑編（2005）。《二十一世紀大學教育的新挑戰》。國立臺灣大學出版中心。

黃彥翔（2015）。〈運動休閒管理相關科系學生實習體驗對職業承諾與未來從事專長工作意願影響之研究〉。《運動休閒管理學報》，12卷1期，頁21-36。

黃政傑（1996）。〈青少年休閒教育的重要課題〉。《青少年休閒生活教育研討會議手冊》，頁14-19。臺北：國立臺灣師範大學公民訓育學系。

楊弘任（2011）。〈何謂在地性？——從地方知識與在地範疇出發〉。《思與言：人文與社會科學雜誌》，49卷4期，頁10-34。

楊俊鴻（2018）。〈第一章〉。《素養導向課程與教學——理論與實踐》。臺北市：高等教育文化事業有限公司。頁3-26。

楊峰州、楊智龍、羅律淳（2014）。〈比較美國與臺灣休閒相關學系之評鑑〉。《大專體育》，129期，頁9-16。

詹盛如（2020）。〈評介《大學社會責任與生活品質》〉。《當代教育研究季刊》，28卷4期，頁97-106。

綜合大學。維基百科。https://zh.wikipedia.org/zh-tw/%E7%B6%9C%E5%90%88%E5%A4%A7%E5%AD%B8。最終查詢日期：2025年7月15日。

臺灣綜合大學系統。https://www.tcus.edu.tw/TradChinese/About/Idea。最終查詢日期：2023年6月3日。

認識學群。https://collego.edu.tw/Highschool/CollegeList。CollGo! 大學選材與高中育才輔助系統。最終查詢日期：2025年7月17日。

趙俊祥（2023）。〈技職生升學比例上升相關法制問題研析〉。https://www.ly.gov.tw/Pages/Detail.aspx?nodeid=6590&pid=230068。立法院。最終查詢日期：2025年7月6日。

趙惠玉（2016）。〈職場共通職能，實習滿意度與就業意願關係之研究〉。《島嶼觀光研究》，9卷2期，頁91-112。

銘傳大學休閒遊憩管理學系專業基本能力檢定實施細則。https://lra.mcu.edu.tw/sites/default/files/u3/file/2017-08-09-%E9%8A%98%E5%82%B3%E5%A4%A7%E5%AD%B8%E4%BC%91%E9%96%92%E9%81%A8%E6%86%A9%E7%AE%A1%E7%90%86%E5%AD%B8%E7%B3%BB%E5%B0%88%E6%A5%AD%E5%9F%BA%E6%9C%AC%E8%83%BD%E5%8A%9B%E6%AA%A2%E5%AE%9A%E5%AF%A6%E6%96%BD%E7%B4%B0%E5%89%87%28%E8%8B%B1%E8%AD%AF%E7%89%88%29-revised_0.pdf。最終查詢日期：2023年1月24日。

劉子利（2001）。〈休閒教育的意義、內涵、功能及其實施〉。《戶外遊憩研究》，14卷1期，頁33-53。

劉兆漢（2005）。〈對高等教育發展的一些看法〉。《二十一世紀大學教育新挑戰》。http://huang.cc.ntu.edu.tw/pdf/CCB3404.pdf。

劉惠珍（1998）。〈周休二日對消費者休閒旅遊行為影響之研究〉。第十三屆技職研討會，頁87-89。

劉湘瑤、張俊彥（2018）。〈論自然科學課程綱要中的「素養」內涵〉。《科學教育月刊》，413期，頁2-9。

潘文福（2014）。〈大學學系核心能力評量機制之建構歷程〉。《教育資料與研究》，114期，頁229-264。

蔡小婷（2013）。〈一樣的大學？多元的大學？〉。《評鑑》，41期，頁25-28。https://www.heeact.edu.tw/media/17040/p25-28-%E4%B8%80%E6%A8%A3%E7%9A%84%E5%A4%A7%E5%AD%B8-%E5%A4%9A%E5%85%83%E7%9A%84%E5%A4%A7%E5%AD%B8.pdf

蔡清田（2010）。〈課程改革中的「素養」（competence）與「能力」（ability）〉。《教育研究月刊》。

蔡清田（2011a）。〈課程改革中的「素養」〉。《幼兒教保研究》，7期，頁1-13。

蔡清田（2011b）。〈課程改革中的核心素養之功能〉。《教育科學期刊》，10卷1期，頁203-217。

蔡清田（2015）。《課程發展與設計的關鍵DNA——核心素養》。臺北市：五南圖書出版股份有限公司。

課程。教育百科。https://pedia.cloud.edu.tw/Entry/WikiContent?title=%E8%AA%B2%E7%A8%8B&search=%E8%AA%B2%E7%A8%8B。最終查詢日期：2025年7月6日。

戰寶華（2010）。《2010「博物館經營管理與績效評估」學術研討會論文集》（Vol. 1009903727），中華民國政府出版品。

餐旅及民生服務學門。https://udb.moe.edu.tw/udata/ISCED/101。大專校院校務資訊公開平臺。最終查詢日期：2023年6月16日。

謝宇程（2019）。〈「教學型大學」指的究竟是什麼？——加州高教系統的啟示(一)〉。https://case.ntu.edu.tw/blog/?p=34134

謝政瑜（1989）。《休閒活動理論與實際》，頁12-18。臺北：幼獅文化。

謝智謀、吳崇旗、謝宜蓉（2007）。〈體驗學習融入休閒教育課程之實施成效研究〉。《運動休閒餐旅研究》，2卷4期，頁39-50。

簡立欣（2019）。〈1994教改狂飆元年 劉源俊：政治領軍、理念錯亂〉。《旺報》。https://www.chinatimes.com/realtimenews/20190410002922-260405?chdtv。最終查閱時間2022年4月20日。

藍冠麟（2020）。〈教學實踐落實大學社會責任——以中華大學為例〉。《臺灣教育評論月刊》，9卷2期，頁48-51。http://www.ater.org.tw/journal/article/9-2/topic/10.pdf。

鄺海音（2008）。〈大學如何分類？校長提建言〉。《評鑑》。11期，頁54-55。https://www.heeact.edu.tw/media/18387/p54-55-%E5%A4%A7%E5%AD%B8%E5%A6%82%E4%BD%95%E5%88%86%E9%A1%9E-%E6%A0%

A1%E9%95%B7%E6%8F%90%E5%BB%BA%E8%A8%80.pdf

顏妙桂（2002）。〈九年一貫課程綱要休閒教育內涵之探討—從能力指標分析〉。《公民訓育學報》，12期，頁33-57。

魏佳卉（2023.2.1）。〈學測考生增加，加速技職體系崩壞〉。https://www.unews.com.tw/News/Info/6075。大學問。最終查詢日期：2025年7月6日。

二、日語部分

自治体ビジネスドットコム（2019）。https://www.b2lg.co.jp/jichitai/chihousousei-kannkou-seikourei/，最終查詢日期：2023年5月3日。

大竹聡子、池崎澄江、山崎喜比古（2004）。健康教育におけるヘルスリテラシーの概念と応用。**日本健康教育学会誌**，**12**(2)，70-78。

川田虎男（2014）。大学教育におけるサービスラーニング導入の可能性について。**聖学院大学総合研究所 Newsletter**，**23**(3)，17-25。

中央教育審議會（2005）。**わが国の高等教育の将来像（答申）**。https://www.mext.go.jp/b_menu/shingi/chukyo/chukyo0/toushin/05013101.htm

中央教育審議會（2015）。**新しい時代の教育や地方創生の実現に向けた学校と地域の連携・協働の在り方と今後の推進方策について（答申）**（中教審186号）。https://www.mext.go.jp/b_menu/shingi/chukyo/chukyo0/toushin/1365761.htm

中村高昭（2015）。地方創生における大学の役割——期待の一方、厳しさを増す大学を取り巻く環境。**立法と調査**，**371**，31-31。參議院事務局企画調整室編集発行。

中橋雄、水越敏行（2004）。メディア・リテラシーの構成要素と実践事例分析。**日本教育工学雑誌**，**27**（suppl），41-44。

內閣府地方創生推進事務局（2016）。**きらりと光る地方大学へ　地方大学・地域産業創生交付金**。全國知事會議。https://www.cao.go.jp/yosan/pdf/r1/30003700_naikakufu_kokai_sankou1.pdf。最終查詢日期：2022年10月18日。

内閣官房・内閣府総合サイト（2017）。**地方創生に資する大学改革に向けた中間報告**。地方大学の振興及び若者雇用等に関する有識者会議。1-15。https://www.kantei.go.jp/jp/singi/sousei/meeting/daigaku_yuushikishakaigi/h29-05-22_daigaku_chuukanhoukoku.pdf

内閣官房・内閣府総合サイト（2020）。まち・ひと・しごと創生本部インターンシップポータルサイト　茨城県。https://www.kantei.go.jp/jp/singi/sousei/internship/university/area/detail/08_ibaraki.html

内閣官房・内閣府総合サイト。https://www.chisou.go.jp/sousei/policy_index.html。最終査閲日2021年9月2日。

内閣府経済社会総合研究所（2016）。**大学等の地と人材を活用した持続可能な地方の創生に関する研究会報告書**，1-48。http://www.esri.go.jp/jp/prj/hou/hou074/hou74.pdf。最終査閲日2020年7月6日。

文部科学省（2020）。地方創生に資する魅力ある地方大学の実現に向けた検討会議（第1回）令和2年9月2日資料3。https://www.mext.go.jp/content/20200917-mxt_koutou01-000009971_11.pdf。最終査詢日期：2022年10月18日。

文部科学省（編）（2015）。**平成26年度文部科学白書**。日経印刷，207。

文部科学省中央教育審議會（2005）。**わが国の高等教育の将来像（答申）**。https://www.mext.go.jp/b_menu/shingi/chukyo/chukyo0/toushin/05013101.htm

日本労働研究雑誌編集委員会（2022）。教育機関における食糧能力の形成。**日本労働研究雑誌，5月号**（742）。https://www.jil.go.jp/institute/zassi/backnumber/2022/05/pdf/002-003.pdf。20221218

伊勢半本店。文正8年創業 最後の紅口。https://www.isehanhonten.co.jp/。最終搜尋日：2023年6月14日。

地（知）の拠点大学による地方創生推進事業（COC＋）。https://www.scc.ibaraki.ac.jp/cocplus/outline

佐藤学（2003）。リテラシーの概念とその再定義（〈特集〉公教育とリテラシー）。**教育学研究，70**(3)，292-301。

岡沢祥訓、北真佐美、諏訪祐一郎（1996）。運動有能感の構造とその発達及び性差に関する研究。**スポーツ教育学研究**，**16**(2)，145-155。

枝川明敬（2016）。有形民俗文化財の保存の実態と地域的アイデンティティへの役割-九州圏の事例。**地域学研究**，**46**(2)，165-179。

枝川明敬（2016）。我が国の文化芸術におけるプロ・アマチュアの活動状況と地方活性化への貢献──「地方創生事業」と関連して──。**地域学研究**，**46**(4)，355-370。

油田信一（2007）。法人化の意義と筑波大学の現状: 産学連携推進の立場から（＜特集＞「国立大学法人化の理想と現実 (3) 研究・社会貢献」）。**筑波フォーラム**，**76**，61-64。

阿江通良（2007）。法人化への対応: 体育系だけでできること，できないこと（〈特集〉「国立大学法人化の理想と現実(3)研究・社会貢献」）。**筑波フォーラム**，**76**，47-50。

津曲隆、中里陽子、吉村裕子（2016）。サービスラーニングの高等教育における位置づけとその教育効果を促進する条件について。**アドミニストレーション**，**22**(1)，164-181。

原田健太郎（2017）。大学教育再生戦略推進費への申請と機能別分化。**大学論集**，**49**，145-159。

宮町良広（2017）。地域政策フィールド・ノート6地方創生の推進と地方大学の役割。**開発こうほう**，**12**，10-14。

柴原宏一（2016）。教育制度改革と地方教育行政－教育制度改革と高等学校教員養成についての一考察－。**茨城大学教育実践研究**，**35**，1-15。

茨城大学（2015）。茨城大学における社会連携活動 社会連携センター 活動年報。最終閲覧日：2020年10月13日。https://www.scc.ibaraki.ac.jp/wp-content/uploads/2018/09/9b61c7e0b85a00312126d02283e37fe1.pdf

茨城大学（2020）。茨城大学「地（知）の拠点整備事業（大学COC事業）」http://www.coc.ibaraki.ac.jp/coc/coc/%E4%BA%8B%E6%A5%AD%E8%AA%AC%E6%98%8E/。最終閲覧日：2020年10月13日。

茨城大学社会連携センター（2015）。**平成26年茨城大学における社会連携**

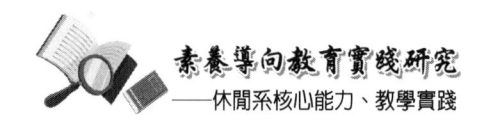

活動社会連携センター活動年報。1-68。https://www.scc.ibaraki.ac.jp/wp-content/uploads/2018/01/nenpou_H26.pdf

張瓊方、木山慶子（2018）。人と自然と地域をつなぐ台湾「創意宋江芸陣大会」。**日本体育学会予稿集**，69。online ISSN:2424-1946

張瓊方、木山慶子（2019）。大学における体育ダンス授業に関するサービスラーニング授業の学習効果の検討。主題：體育科教育（大學）2019.9.12 online ISSN:2424-1946。日本東京慶応塾大学。**日本体育学会予稿集**，70，311。

細野光章（2014）。国立大学における社会貢献活動の現状と課題（〈特集〉複合的環境変化の中の大学），**研究技術計画**，29(1)，44-49。

勝野頼彦（2013）。社会の変化に対応する資質や能力を育成する教育課程平成の基本原理。https://www.nier.go.jp/kaihatsu/pdf/Houkokusho-5.pdf。（20221218）**初中等教育**。

渡邉三枝子（2006）。大学人が主体的に「大学のミッション」の意味を問い直すとき（〈特集〉「国立大学法人化の理想と現実 (1) 教育Ⅰ」）。**筑波フォーラム**，74，37-40。

碓井真史（1992）。内発的動機づけに及ぼす自己有能感と自己決定感の効果。**社会心理学研究**，7(2)，85-91。

鈴木みどり（1998）。メディア・リテラシーとはなにか（＜特集＞メディア・リテラシー）。**情報の科学と技術**，48(7)，388-395。

橘直隆、平野吉直（2001）。生きる力を構成する指標。**野外教育研究**，4(2)，11-16。

鎌田正、木山寅太郎（1987）。**新版漢語林**。大修館。844。

三、西語部分

Adner, R. (2017). Ecosystem as structure: An actionable construct for strategy. *Journal of Management, 43*(1), 39-58. doi:10.1177/0149206316678451

Barman, A. & Das, K. (2020). Whether B-Schools Care Spencer & Spencer's workplace competency framework in the 21st century? Revalidating through reliability. *International Journal of Advanced Science and Technology*, *29*(11), 2910-1920.

Baum, T. (2002). Skills and training for the hospitality sector: A review of issues. *Journal of Vocational Education and Training*, *54*(3), 343-364. https://doi.org/10.1080/13636820200200204

Berry, L. L. (1984). *The Employee as Customer in Service Marketing*. New Jersey: Prentice Hall, Englewood Cliffs.

Cheetham, G. & Chivers, G. (1996). Towards a holistic model of professional competence. *Journal of European Industrial Training*.

Chou, C. Y., Tseng, S. F., Chih, W. C., Chen, Z. H., Chao, P. Y., Lai, K. R., ... & Lin, Y. L. (2015). Open student models of core competencies at the curriculum level: Using learning analytics for student reflection. *IEEE Transactions on Emerging Topics in Computing*, *5*(1), 32-44.

Chow, W. E. (2022). A Reflection of Current Issues on Intercultural Competence from the Experiences of Taiwanese College Students. *Journal of Curriculum Studies*, *17*(1), 69-88.

Clark, B. S., & Anderson, D. M. (2011). "I'd be dead if I didn't have this class:" The role of leisure education in college student development. *Recreational Sports Journal*, *35*(1), 45-54.

Colby, R. L. (2017). *Competency-Based Education: A New Architecture for K-12 Schooling*. Cambridge, MA: Harvard Education.

Cooper, J. D. (2000). *Literacy: Helping Children Construct Meaning*. Houghton Mifflin Co., 181 Ballardville St., Wilmington, MA 01887. https://eric.ed.gov/?id=ED432001

Cresswell, T. (2014). *Place: an Introduction*. John Wiley & Sons.

Dixon, R. A. & Jovanovska, E. (2022). Identifying Competencies for Leisure and Hospitality Curriculum in a Rural Region. *Journal of Curriculum and Teaching*, *11*(2), 90-98.

English, F. W. (1980). Curriculum mapping. *Educational Leadership*, *37*(7), 558-

559.

Epstein, R. M. & Hundert, E. M. (2002). Defining and assessing professional competence. *Jama*, *287*(2), 226-235.

Fuller, B. & Marler, L. E. (2009). Change driven by nature: A meta-analytic review of the proactive personality literature. *Journal of Vocational Behavior*, *75*(3), 329-345. DOI:10.1016/j.jvb.2009.05.008

Gartner, W. C. (2004). Rural tourism development in the USA. *International Journal of Tourism Research*, *6*(3), 151-164.

Goral, T. (2018). A fresh look at an old way of teaching in K12: Competency-based education encourages students to 'show what you know'. Retrieved from https://www.districtadministration. com/article/fresh-look-old-way-teaching-k12

Harden, R. M. (2001). AMEE Guide No. 21: Curriculum mapping: a tool for transparent and authentic teaching and learning. *Medical Teacher*, *23*(2), 123-137.

Holmes, G. & Hooper, N. (2000). Core competence and education. *Higher Education*, *40*, 247-258.

https://files.ascd.org/staticfiles/ascd/pdf/journals/ed_lead/el_198004_english.pdf

https://www.proquest.com/docview/220137345?pq-origsite=gscholar&fromopenview=true

Iansiti, M. & Levien, R. (2004). *The Keystone Advantage: What the New Dynamics of Business Ecosystems Mean for Strategy, Innovation, and Sustainability*. Boston, MA: Harvard Business Press.

Jacobs, H. H. (1991). Planning for curriculum integration. *Educational leadership*, *49*(2), 27-28. https://eric.ed.gov/?id=EJ432777

Kenney, M. & Patton, D. (2005). Entrepreneurial geographies: Support networks in three high-technology industries. *Economic Geography*, *81*(2), 201-228.

Kleiber, D. A. (1981). Leisure-based education. https://www.cabidigitallibrary.org/doi/full/10.5555/19811877321.

Kleiber, D. A., Hutchinson, S. L., & Williams, R. (2002). Leisure as a resource in transcending negative life events: Self-protection, self-restoration, and personal transformation. *Leisure Sciences*, *24*(2), 219-235. https://www.tandfonline.com/doi/abs/10.1080/01490400252900167

Kliebard, H. M. (2002). *Changing Course: American Curriculum Reform in the 20th Century* (Vol. 8). Teachers College Press. https://books.google.com.tw/books?hl=zh-TW&lr=&id=vIyW0QEzHfsC&oi=fnd&pg=PR7&dq=Herbert+M.+Kliebard+Changing+Course&ots=eX6rRLYPZ_&sig=YG8HNpm2s3criCLTeJqjoWGDKSo&redir_esc=y#v=onepage&q=Herbert%20M.%20Kliebard%20Changing%20Course&f=false

Ludvík, E., Łukasz, T., Milan, K., Mária, P. & Gabriela, P. (2020). How do first year university students use ICT in their leisure time and for learning purposes? *International Journal of Cognitive Research in Science, Engineering and Education*, *8*(2), 35-52.

Oyao, S. G., Holbrook, J., Rannikmäe, M. & Pagunsan, M. M. (2015). A competence-based science learning framework illustrated through the study of natural hazards and disaster risk reduction. *International Journal of Science Education*, *37*(14), 2237-2263.

Roberts, S. & Tribe, J. (2008). Sustainability indicators for small tourism enterprises–An exploratory perspective. *Journal of Sustainable Tourism*, *16*(5), 575-594.

Ryan, G., Spencer, L. M. & Bernhard, U. (2012). Development and validation of a customized competency-based questionnaire: Linking social, emotional, and cognitive competencies to business unit profitability. *Cross Cultural Management: An International Journal*, *19*(1), 90-103.

Rychen, D. S., & Salganik, L. H. (2000). A Contribution of the OECD Program Definition and Selection of Competencies: Theoretical and conceptual foundations definition and selection of key competencies. *INES General Assembly*, *8*. From https://www.academia.edu/36403881/Definition_and_

Selection_of_Competencies_Theoretical_and_Conceptual_Foundations_DeSeCo_Summary_of_the_final_report_Key_Competencies_for_a_Successful_Life_and_a_Well_Functioning_Society

Sáez-López, J. M., Domínguez-Garrido, M. C., Medina-Domínguez, M. D. C., Monroy, F. & González-Fernández, R. (2021). The competences from the perception and practice of university students. *Social Sciences*, *10*(2), 34.

Spencer, L. M. & Spencer, S. M. *Competence at Work-models for Superior Performance*. New York: John Wiley & Sons, 1993.

Stebbins, R. A. (2023). Leisure education in colleges and universities. *International Journal of the Sociology of Leisure*, *6*(1), 15-26.

Tesone, D. V. & Ricci, P. (2009). Hotel and restaurant entry-level job competencies: Comparisons of management and worker perceptions. *F.I.U. Hospitality Review Journal*, *27*(1), 76-89.

Tower, J., McGrath, R., Sibson, R., Adair, D., Bevan, N., Brown, G., ... & Zimmerman, J. A. (2018). State of leisure studies in Australia and New Zealand. *World Leisure Journal*, *60*(1), 58-66.

UNESCO. https://en.unesco.org/themes/literacy

Wilder, K. M., Collier, J. E. & Barnes, D. C. (2014). Tailoring to customers' needs: Understanding how to promote and adaptive service experience with frontline employees. *Journal of Service Research*, *17*(4), 446-459. https://doi.org/10.1177%2F1094670514530043

Zabriskie, R. B. & McCormick, B. P. (2001). The influences of family leisure patterns on perceptions of family functioning. *Family relations*, *50*(3), 281-289. https://onlinelibrary.wiley.com/doi/epdf/10.1111/j.1741-3729.2001.00281.x

素養導向教育實踐研究
——休閒系核心能力、教學實踐

作　　者／張瓊方
出 版 者／揚智文化事業股份有限公司
發 行 人／葉忠賢
地　　址／新北市深坑區北深路三段 258 號 8 樓
電　　話／(02)8662-6826
傳　　真／(02)2664-7633
網　　址／http://www.ycrc.com.tw
 E-mail ／service@ycrc.com.tw
 I S B N ／978-986-298-454-3
初版一刷／2025 年 7 月
定　　價／新台幣 400 元

＊本書如有缺頁、破損、裝訂錯誤，請寄回更換＊

國家圖書館出版品預行編目（CIP）資料

素養導向教育實踐研究：休閒系核心能力、教學實踐 = Researching educational praxis on the competencies-oriented : the core competencies of a recreation department, teaching practice / 張瓊方著. -- 初版. -- 新北市：揚智文化事業股份有限公司, 2025.07
　　面； 公分

ISBN 978-986-298-454-3（平裝）

1.CST: 高等教育　2.CST: 教學設計　3.CST: 教學研究

525.3　　　　　　　　　　　　　114010553